KB024881

네이버 blog N 블로그 첫걸음

네이버 blog N 블로그 첫걸음

초판 인쇄일 2023년 4월 3일
초판 발행일 2023년 4월 10일
2쇄 발행일 2023년 11월 29일

지은이 전진수
발행인 박정모
발행처 도서출판 혜지원
주소 경기도 파주시 회동길 445-4(문발동 638) 302호
전화 031)955-9221~5
팩스 031)955-9220
홈페이지 www.hyejiwon.co.kr

기획·진행 김태호
디자인 김보리
영업마케팅 김준범, 서지영
ISBN 979-11-6764-053-6
정가 16,000원

Copyright©2023 by 전진수 All rights reserved.
No Part of this book may be reproduced or transmitted in any form,
by any means without the prior written permission of the publisher.
이 책은 저작권법에 의해 보호를 받는 저작물이므로 어떠한 형태의 무단 전재나 복제도 금합니다.
본문 중에 인용한 제품명은 각 개발사의 등록상표이며, 특허법과 저작권법 등에 의해 보호를 받고 있습니다.

개설부터 글쓰기까지,
초보자를 위한 블로그 기초

네이버 blog
N 블로그
첫걸음

전진수 지음

혜지원

머리말

당신은 블로그를 왜 시작하고 싶은가요?

블로그 수업을 하기 전에 저는 항상 수강생 분들과 블로그를 시작하려고 하는 이유가 무엇인지에 대해 이야기하는 시간을 갖습니다. 은퇴를 준비하며 새로운 도전을 하고 싶어서, 글을 잘 쓰고 싶어서, N잡러의 대열에 합류하고 싶어서, 편하게 취미로 하고 싶어서 등, 저마다 자신의 상황과 처지에 따라 다양한 이유가 있습니다. 이 시간을 통해 각자의 다른 꿈을 이야기하면서 서로 위로와 응원을 합니다.

이 책을 읽는 독자 분들 역시, 시작하는 이유는 달라도 블로그라는 플랫폼에 나의 이야기를 글로 표현하는 과정에서 각자가 이루고 싶은 꿈에 한 걸음씩 나아갈 수 있을 것입니다.

나를 응원하고 치유해 주는 글쓰기의 힘

살아가면서 누구나 한 번쯤은 큰 위기로 인해 절망의 터널에서 방황하고 있을 때가 있습니다. 저 역시 어느 날, 아주 어둡고 끝이 보이지 않는 터널을 마주했습니다. 몸과 마음 모두가 일시정지 버튼에 눌린 것 마냥 아무것도 할 수 없었고, 무슨 행위를 해도 무의미하게 느껴졌었습니다. 그때 저는 그런 마음을 블로그에 담담하게 글로 적어 보기 시작했습니다.

비공개로 한 문장, 한 문장 마음에 담고 있는 진솔한 이야기들을 기록하다 보니 마음과 몸이 치유되는 느낌을 받았습니다. 글을 쓰다 보니 블로그를 열고 이야기하는 습관이 생겼고, 조금씩 용기를 내어 일상에서 찍은 사진과 몇 줄의 글을 공개하며 저의 블로그는 시작되었습니다. 매일 글이 차곡차곡 쌓이다 보니 내 글에 공감하는 사람들을 만나 소통하게 되었으며, 다양한 기회도 만나게 되었습니다.

저는 블로그 글쓰기를 통해서 나는 어떤 사람인지, 무엇을 잘 할 수 있는지, 무엇을 하고 싶은지를 알게 되었습니다. 나를 알고 나니, 더 건강한 마인드로 꿈과 일에 대한 목표를 설정할 수 있었습니다. 이처럼 블로그 글쓰기가 주는 치유의 힘은 대단합니다.

꿈을 이룰 수 있는 보물창고, 블로그를 지금 시작해 보세요

이 책은 저처럼 여러분도 블로그를 통해 꿈을 이뤘으면 하는 마음으로 작성한 블로그 첫걸음 책입니다. 블로그를 잘 모르는 분들이 차근차근 따라 할 수 있도록 7단계로 구성했습니다.

1. 나의 꿈을 이룰 수 있는 공간, 블로그

100편의 블로그 글쓰기 수업에 대해 소개하면서 체계적으로 블로그를 시작하는 방법과 블로그 기획서를 만드는 과정을 안내합니다.

2. 블로그 기초, 이런 것이 중요하다!

블로그를 개설하기 전에 앞서 제목, 본문 내용 구성, 사진과 태그, 링크 등 블로그 구성 요소별 중요 사항을 정리합니다.

3. 쉽고 빠르게 블로그 개설하여 꾸미기

블로그 개설과 카테고리 등록, 스킨 디자인, 목적에 맞는 레이아웃 및 위젯 설정하는 방법을 안내합니다.

4. 유입을 유도하는 블로그 디자인

블로그 운영 시에는 블로그 상단, 프로필 이미지, 등록할 이미지, 섬네일 등을 디자인하여 만들어야 합니다. 디자인물을 만들기 편리한 프로그램에는 어떤 것이 있는지 알아보고 블로그 디자인을 실제로 해 봅니다.

5. 나와 독자를 위한 알맞은 블로그 글쓰기

블로그 글쓰기를 하면 좋은 점과 글을 잘 쓰는 구체적인 방법을 개인적인 글쓰기/마케팅 글쓰기로 나누어 설명합니다. 또한 글쓰기 메뉴를 익히면서 블로그에 글을 직접 등록합니다.

6. 블로그 확장을 위한 이웃 관리와 홍보

이웃과 소통하는 방법을 설명합니다. 홍보 수단으로는 애드포스트, 인플루언서, 파워컨텐츠 광고 신청법을 알아봅니다. 마지막으로 통계 분석을 통해 블로그 현황을 파악합니다.

7. 돈이 들어오는 블로그 마켓 시작

블로그 수익화 중 하나로, 블로그에 제품을 등록하여 판매할 수 있는 블로그 마켓이 있습니다. 블로그 마켓을 개설하는 방법, 상품 등록 및 판매 방법을 안내합니다.

지금 어디로 가고 있는지 블로그가 알려 줄 것입니다

블로그에 자신이 하루하루 가고 있는 길에 대해 이야기해 보세요. 차곡차곡 쌓여 가는 나의 기록들로 내가 가려고 하는 길이 조금씩 선명해지는 것을 느낄 수 있을 것입니다. 만약 어둡고 깊고 막막한 터널을 마주했다면, 이것 하나만 기억하시기 바랍니다. '터널의 끝은 반드시 있다'라고요. 어떠한 길을 나아가든 자신을 믿고, 응원해 주세요.

지금 가고 있는 길의 목적지에 도달할 수 있도록 블로그와 글쓰기가 한 줄기 빛이 되리라 생각합니다.

저자 **전진수**

목차

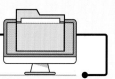

Part　01　　**나의 꿈을 이룰 수 있는 공간, 블로그**

Part 05　나와 독자를 위한 알맞은 블로그 글쓰기

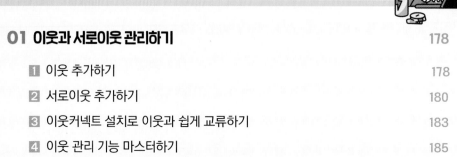

Part 06　블로그 확장을 위한 이웃 관리와 홍보

Part 07   돈이 들어오는 블로그 마켓 시작

Part 01

나의 꿈을 이룰 수 있는 공간, 블로그

블로그를 시작하는 목적은 다양합니다. 하루하루 있었던 일을 정리하며 온라인 일기장으로 사용하기 위한 목적으로도, 회사에서 판매하는 제품에 대한 정보를 알리기 위한 목적으로도 시작할 수 있습니다. 혹은 사진만 올려 갤러리로 사용하기 위해 시작할 수도 있습니다. 어떤 목적이 되었든 블로그를 시작하는 데 특별한 규칙은 없습니다. 다만 블로그를 시작하려고 하는 이유와 주제를 명확히 설정하고 시작한다면, 더 많은 사람들과 소통할 수 있을 것이며 목표를 더욱 빠르게 달성할 수 있습니다.

주제만 정하면 누구든지 블로그를 운영할 수 있다

블로그 운영은 시작하기 어려운 일이 아닙니다. 누구나 자유롭게 글을 써 간다면 자연스럽게 블로그가 만들어지는 것에 가깝습니다. '블로그'란 대체 무슨 플랫폼일까요? 블로그는 개인의 일상과 경험을 공유하는 플랫폼이자, 기업과 제품을 알리기 위한 마케팅 플랫폼이기도 합니다. 블로그의 대표적인 특징은 다음과 같습니다. 이러한 장점으로 인해 네이버, 다음, 티스토리 등의 수많은 블로그에는 개인적인 이야기부터 양질의 콘텐츠까지 무수히 많은 글들이 하루가 멀다 하고 올라오고 있습니다.

① 개설이 쉬우며 무료로 개설할 수 있습니다.

홈페이지나 쇼핑몰 등은 제작 절차가 복잡하고 비용도 많이 듭니다. 반면 블로그는 무료 또는 저렴한 비용으로 개설할 수 있고 개인적인 용도뿐 아니라 상업적인 용도로도 활용 가능합니다. 때문에 많은 사람들이 시도하는 채널로 자리 잡았습니다.

② 제작한 후에 관리 방법을 조금만 배우면 누구나 운영할 수 있습니다.

홈페이지나 쇼핑몰은 관리 방법이 복잡합니다. 여러 단계를 거치며 전문적으로 공부를 해야 관리할 수 있습니다. 반면 블로그는 PC뿐 아니라 스마트폰으로도 관리가 쉽게 가능합니다.

③ 자료 용량 및 트래픽 용량에 제한이 없습니다.

홈페이지나 쇼핑몰이 활성화될수록 트래픽 용량 비용이 많이 드는데, 블로그는 방문자가 아무리 많고 내용을 아무리 많이 등록해도 무료로 운영이 가능합니다.

④ 검색 사이트에 등록하지 않아도 노출이 잘 됩니다.

검색 사이트에 별도로 등록을 하지 않아도 노출이 잘 되며 사용자들이 자주 사용하는 키워드나 현재 트렌드가 된 키워드를 잘 활용하며 포스팅하면 상위에도 무료로 노출될 수 있습니다. 하지만 경쟁이 치열해지고 있기 때문에 블로그를 상업적으로 이용하려고 한다면 적극적인 마케팅 계획을 세워서 더 많은 사람들에게 노출될 수 있도록 해야 합니다.

⑤ 블로그를 통해 꿈을 이룰 수 있습니다.

이 장점은 어울리지 않을 수도 있지만 꼭 말씀드리고 싶은 장점입니다. 저도 2000년대 초반에 인터넷 블로그에 글을 올렸던 것이 계기가 되어 많은 곳에서 강의를 할 수 있었고, 책을 꾸준히 집필하며 꿈을 이루어 가고 있습니다. 일기장에 펜으로 쓰는 글은 나만 볼 수 있지만 블로그에 쓰는 글은 전 세계에 노출됩니다. 내 글을 필요로 하는 사람이 있다면 도움을 주는 과정에서 여러분의 꿈이 이루어질 것입니다. 이 꿈을 이루기 위해서는 우선 블로그를 왜 만들려고 하는지, 블로그를 통해 어떤 의미 있는 일을 하고 싶은지에 대한 확실한 계획을 세워야 합니다.

저는 지금까지 많은 분들에게 '블로그 글 100편 쓰기 수업'을 해 왔습니다. 이 수업은 글을 잘 쓰는 것보다는 블로그에 글을 올리는 습관을 만드는 것을 목표로 하고 있습니다. 자유롭게 100편의 글을 등록하면 되는 수업이어서 어떤 사람은 1년이, 어떤 사람은 100일이 걸리기도 합니다. 이를 통해 블로그에 나의 데이터가 기록되고 있다는 사실이 어떤 힘을 발휘하게 되는지를 경험할 수 있도록 하는 것이 최우선 과제입니다.

100편 글쓰기를 중요시하는 이유는 이 과정을 통해 블로그의 방향을 자연스럽게 만들 수도 있기 때문입니다. 방향에 대한 명확한 지침과 목표가 있다면 블로그의 방향을 먼저 정해 놓고 시작하면 되지만, 그렇지 않다면 블로그 글 100편 쓰기를 먼저 진행해 봐도 좋습니다. 글을 작성하여 올리는 과정에서 자연스럽게 블로그 방향이 정해질 것입니다. 아래는 제가 담당했던 수강생 중 1명인 hugh 군의 '맛있는 story' 블로그입니다. hugh 군의 경우도 100편의 글을 업로드하면서 자신이 원하는 블로그 길을 찾아간 사례입니다.

 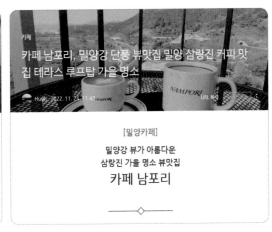

hugh 군의 맛있는 story(https://blog.naver.com/hlbyeon)

블로그 글은 크게 정보 전달을 위한 정보성 글과 생각을 담아서 쓰는 글로 나눌 수 있습니다. 글을 몇 편 쓰다 보면 자신이 어떤 유형의 글을 쓰는 스타일인지 파악할 수 있습니다. 단순한 정보 전달 글은 있는 현상을 잘 풀어서 쓰는 노력을 하면 됩니다. 그러나 개인적인 이야기나 리뷰 등 나의 생각을 담아서 쓰는 경우는 어떤 내용을 다루어야 할지가 잘 떠오르지 않을 것입니다. 대부분의 블로그 글에 글쓴이의 생각이 담긴다는 것을 고려하면 초보자 분들은 여기서 어려움을 겪습니다.

이러한 어려움을 쉽게 풀기 위해서는 비밀 글로 하루를 기록하는 연습을 먼저 하는 편이 좋습니다. 간단하게 있었던 일을 정리해도 되며 사진으로만 이루어진 글을 등록해도 됩니다. 이 연습을 반복하면서 나의 생각을 어떤 방식으로 써야 할지, 어떤 내용을 글로 작성하면 좋을지를 체계적으로 정리할 수 있습니다. 비밀 글이기 때문에 부담도 없습니다.

이 연습과 별도로, 다양한 블로그 카테고리를 살펴보며 나에게 어울리는, 즉 내가 운영하기에 적합한 블로그 카테고리를 선택해야 합니다.

NOTE

카테고리는 메뉴판의 음식 종류에 해당한다고 보면 됩니다. '우리 블로그에서는 다음과 같은 종류의 글을 맛볼 수 있습니다'를 일목요연하게 보여 주는 것이죠. 카테고리의 이름은 자유롭게 정할 수 있지만 대개 쓰는 글의 주제를 카테고리 이름으로 정하는 편입니다. 만약에 카테고리의 이름을 맛집으로 했다면 맛집 카테고리라고 명칭합니다. 맛집 카테고리에는 맛집에 관한 주제로 글을 쓰면 됩니다. 처음에 카테고리를 선택할 때는 나에게 가장 편안한 주제를 선택하는 것을 추천합니다. 그 이후에 전문성이 있거나 내가 성장할 수 있는 방향의 주제를 선택해도 늦지 않습니다.

블로그 카테고리는 1차적으로 엔터테인먼트, 예술, 생활, 노하우, 쇼핑, 취미, 여가, 여행, 지식, 동향 등으로 나눠지며, 해당 카테고리는 다시 세부 주제로 나눠집니다. 일단 가장 큰 카테고리를 선택해 보세요. 선택 이유도 간단히 작성해 봅니다.

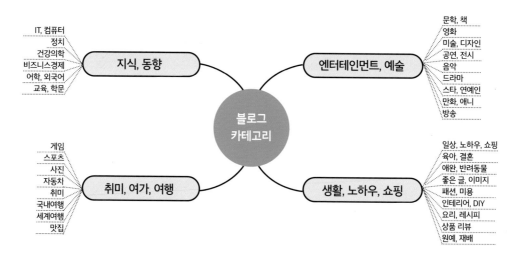

대표 카테고리	선택	선택 이유
엔터테인먼트, 예술		
생활, 노하우, 쇼핑		
취미, 여가, 여행	☑	사진을 찍고 사진에 간단히 메모하는 것을 좋아함
지식, 동향		

가장 상위 카테고리를 선택하고 선택 이유를 작성해 봅니다.

1차 카테고리를 선택했다면 선택한 카테고리의 세부적인 카테고리 몇 개를 선택해 봅니다. 이것이 블로그의 카테고리가 될 확률이 높습니다. 지금 선택한 사항은 블로그를 개설하면서 변경해도 되니 지금 단계에서는 먼저 떠오르는 것 중심으로 개수 상관 없이 편안하게 선택합니다. 세부 카테고리를 선택하고 이유를 적다 보면 선택한 체크 리스트에서 우선순위가 자연스럽게 정해질 것입니다.

엔터테인먼트, 예술

세부 카테고리	선택	선택 이유
문학, 책	☑	매월 1권의 책을 읽는 것을 목표로 하고 있음
영화	☑	책을 원작으로 하는 영화 보는 것을 좋아함
미술, 디자인		
공연, 전시		
음악	☑	자주 듣는 음악 리스트를 소개 및 공개하고 싶음
드라마		
스타, 연예인		
만화, 애니		
방송		

생활, 노하우, 쇼핑

세부 카테고리	선택	선택 이유
일상, 노하우, 쇼핑		
육아, 결혼		
애완, 반려동물	☑	반려동물 이야기를 SNS에 사진으로 올리고 있음
좋은 글, 이미지		
인테리어, DIY		
요리, 레시피		
상품 리뷰	☑	구매하여 사용하고 있는 상품 리뷰하기를 좋아함
원예, 재배		

취미, 여가, 여행

세부 카테고리	선택	선택 이유
게임		
스포츠		
사진	☑	가장 좋아하는 취미가 사진 찍기이며 사진에 간단한 메모를 다는 것에 관심이 있음
자동차		
취미		
국내여행		
세계여행		
맛집	☑	맛집을 발견했을 때의 기쁜 마음을 공유하고 싶음

블로그 소개

블로그 기초

블로그 개설

블로그 디자인

블로그 글쓰기

이웃 관리와 홍보

블로그 마켓

		지식, 동향	

세부 카테고리	선택	선택 이유
IT, 컴퓨터	☑	직업으로 인해 IT와 컴퓨터 관련 새로운 기술을 동료들과 공유해 왔음
정치		
건강의학		
비즈니스경제		
어학, 외국어		
교육, 학문		

세부 카테고리를 각각 선택하고 구체적인 이유를 작성해 봅니다.

이후에는 세부 카테고리를 기반으로 키워드를 생각해 봅니다. 키워드는 주제에 해당하는 글의 중심 단어로, 사용자가 관심 있는 내용을 검색할 때 검색하는 단어에 해당됩니다. 키워드는 글의 소재이기 때문에 키워드를 선정하면 카테고리에서 작성할 글감을 선택하는 것과 같으며, 쓰려고 하는 주제에 대한 계획을 미리 세울 수 있습니다. 또한 사용자가 검색하는 단어를 사용하여 글을 쓰면 검색 노출이 더 잘 되기 때문에 시간이 걸리더라도 검색이 잘 되는 키워드를 연구하기 바랍니다.

키워드라고 하면 단어 몇 개 생각하면 되는 것 아니냐고 할 수 있지만, 무작정 생각하면 많은 단어가 떠오르지 않을 수 있습니다. 이럴 때는 썸트렌드(https://some.co.kr)와 같은 분석 도구를 사용하면 좋습니다. 썸트렌드에서는 특정 검색어와 연관되어 있는 단어를 아래와 같이 보여 줍니다.

썸트렌드의 연관어 분석을 이용해 '블로그' 키워드를 검색한 결과

썸트랜드를 통해 키워드의 연관 검색어를 확인했다면 연관 검색어로 나온 키워드를 네이버에 검색해 봅니다. 내가 운영하고 싶은 블로그 카테고리에서 해당 키워드를 소재로 하여 글을 쓰는 이들을 알

아보는 과정입니다. 이를 통해 유사한 주제의 블로그 운영자들이 어떻게 글을 쓰고 있는지, 사진과 영상 자료 등은 어떻게 구하거나 촬영하는지 등을 확인할 수 있습니다.

특히 다른 블로그에서 확인해야 하는 정보들 중, 꼭 놓치지 말아야 할 것은 블로그 태그입니다. 블로그 태그는 블로그 글들을 주제별로 묶어 구분하고, 검색이 보다 용이하도록 하는 단어입니다. 태그를 확인해 보며 '내가 운영하는 블로그의 핵심 태그로는 어떤 것을 선택하면 좋을까?'를 같이 적어 보는 것도 좋습니다.

블로그 태그는 처음에는 블로그 내용을 주제별로 분류해 주는 역할을 했습니다. 지금은 검색 키워드로 사용되고도 있습니다. 예를 들어 '영화'를 태그로 달았다면 '영화'라는 키워드로 검색을 했을 때, 태그가 달리지 않은 영화 관련 글보다도 더 검색되기 쉬운 것이죠.

'검색 키워드 = 키워드 = 태그 = 해시태그'

내가 쓰고자 하는 카테고리와 유사한 카테고리로 구성된 블로그 5곳 이상에 접속하여 글을 분석하며 어떤 태그를 썼는지 정리해 보고, 나만의 태그를 만들어 봅니다.

네이버에서 관심 주제 및 썸트렌드를 통해 찾은 연관 검색어를 검색한 결과

'영화' 검색 결과 중 초심 님의 블로그에 달려 있는 태그

'사진' 검색 결과 중 산마루 님의 블로그에 달려 있는 태그

지금까지의 내용을 한마디로 요약하면 '블로그 시작을 위해서 주제(카테고리)를 정해 보자'입니다. 앞에서 설명한 내용을 흐름도로 정리해 봤습니다. 물론 대표·세부 카테고리는 개설 및 운영할 때 변경될 수도 있습니다. 다양한 카테고리를 추가/삭제하게 될 것입니다. 그러니 처음에는 '운영하면서 수정하면 되지'라는 가벼운 마음으로 시작합니다.

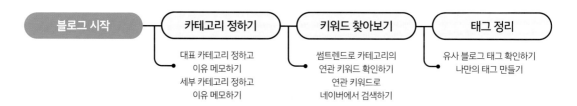

블로그 시작 흐름도

블로그의 두 가지 유형

블로그 플랫폼은 굉장히 다양합니다. 블로그를 운영하는 방식은 모두 비슷하지만 제작 구조는 플랫폼별로 다른 구조를 갖고 있습니다. 구조를 기준으로 나누면 대표적으로 검색 포털 사이트에서 제공하는 ① **솔루션형 블로그**와 ② **설치형 블로그**가 있습니다. 이 두 유형에 대해서 살펴보며 자신에게 맞는 블로그 유형은 무엇일지를 생각해 보시기 바랍니다.

① **솔루션형 블로그**는 가입만 하면 블로그가 자동으로 생성되며 간단한 수정을 통해 자신만의 블로그를 만들 수 있습니다. 만들기 쉽고 검색을 통한 유입이 비교적 잘 되기 때문에 많은 사용자들이 포털 사이트에서 제공하는 솔루션형 블로그를 이용합니다. 솔루션형 블로그에는 대표적으로 네이버에서 제공하는 네이버 블로그와 카카오에서 제공하는 티스토리 블로그가 있습니다.

티스토리 블로그는 태터툴즈(Tattertools)라는 블로그 프로그램을 서비스형 블로그로 옮긴 서비스이며, 기존에는 설치형에 속했다면 현재는 네이버 블로그처럼 스킨 선택 등을 쉽게 설정할 수 있도록 많은 기능들이 개선되었습니다. 티스토리라는 이름 역시 태터툴즈의 첫 글자 'T'와 'History'의 합성어로 만들어졌습니다. html 및 기본적인 소스 수정 지식을 알고 있어야 원하는 형태로 만들어서 운영할 수 있습니다.

네이버 블로그는 템플릿 형태로 구성되어 있으며, 네이버에 가입하면 자동으로 블로그가 생성됩니다. 스킨을 선택하고 카테고리를 추가하면 블로그 시작을 위한 준비가 완료됩니다. 이 책에서는 가장 대중적인 네이버 블로그를 기준으로 설명하고 있습니다.

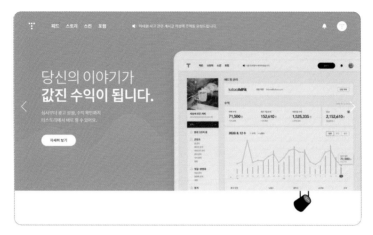

티스토리 블로그 메인 화면(https://www.tistory.com)

네이버 블로그 메인 화면(https://blog.naver.com)

네이버 블로그와 티스토리 블로그의 가장 큰 차이점은 블로그 디자인 수정 범위와 수익화를 위한 광고 설치에 있습니다.

구분	개설 수	디자인 확장성	수익화	앱 기능
네이버	3개(1개 아이디당 1개의 블로그. 아이디 3개까지 신청 가능)	위젯 기능 활용	애드포스트	지원
티스토리	5개(1개 아이디로 5개 개설 가능. 아이디는 1개만 신청 가능)	html 소스 편집 가능	애드핏, 애드센스, 텐핑	지원

네이버 블로그와 티스토리 블로그를 동시에 운영하며 블로그 수익 모델을 만든다면 총 4개의 광고를 진행할 수 있습니다.

구분	광고	앱 기능
네이버	애드포스트 Beta	· 애드포스트를 신청하면 블로그에 자동 연동 · 미디어 맞춤형 광고 노출 방식 · 개인 회원과 사업자 회원으로 구분하여 수익 지급
티스토리	kakaoAdFit	· 빠르고 간편한 심사 및 수익 지급 · 타깃팅된 광고로 수익 극대화 · 수익 관련 정보에 대한 카카오톡 알림 설정 가능
	Google AdSense	· 승인 시 발생하는 사용자 오류를 간편하게 해결 · 최고의 가격을 제시한 광고 게재 · 코드 하나로 설정되는 자동 광고
	Tenping.	· 자유자재로 붙일 수 있는 광고 박스 기능 제공 · 수익 및 효율 정보를 앱, 웹으로 확인 가능

네이버와 티스토리 광고 플랫폼 특징

② **설치형 블로그**의 대표적인 예로는 워드프레스 블로그가 있습니다. 워드프레스는 블로그만이 아니라 홈페이지, 쇼핑몰 등 웹에 관련된 다양한 페이지를 만들 수 있게 지원합니다. 초보자 분들은 솔루션형에 비해 어렵게 느낄 수 있습니다. 하지만 기능만 잘 익힌다면 자유롭게 원하는 형태로 블로그를 제작하고 원하는 위치에 광고를 올릴 수 있다는 장점이 있습니다.

워드프레스 메인 화면(https://ko.wordpress.org)

워드프레스 블로그는 커스터마이징(사용자가 자유롭게 변형할 수 있음)이 가능하여 조금만 공부하면 창의적인 블로그를 운영할 수 있다는 장점이 있습니다. 특히 수익화 작업 시, 원하는 자리에 광고를 올릴 수 있습니다. 다만 블로그를 처음 운영한다면 솔루션형 블로그로 시작하기를 추천드립니다. 이유는 블로그에서 가장 중요한 것은 콘텐츠이기에, 콘텐츠 생성의 힘을 기르는 연습이 무엇보다 중요하기 때문입니다. 콘텐츠, 즉 글을 쓰고 올려 관리하기에는 솔루션형 블로그가 더 접근하기 쉬울 것입니다. 콘텐츠에 집중하여 솔루션형 블로그를 운영하다가 광고 설치에 대한 불편함이 있거나 나만의 디자인을 갖고 싶을 때 설치형 블로그를 개설하여 추가적으로 운영해도 늦지 않습니다.

콘텐츠 힘 기르기 영역   독창적인 디자인 영역

블로그 운영 단계

NOTE

자주 묻는 질문 *구글 blogger*

Q. 구글에서도 블로그 서비스를 제공하나요?

A. 네 제공합니다. 바로 구글 blogger 서비스입니다. 우리나라에서는 많이 알려지지 않았지만, 네이버와 같은 솔루션형 블로그입니다. https://blogger.com에 접속하여 구글 아이디로 블로그를 개설합니다. 미리 만들어진 다양한 템플릿을 제공하기 때문에 클릭 몇 번으로 디자인을 완료할 수 있고, 바로 글을 업로드하며 사용할 수 있습니다.

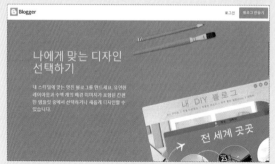

구글 blogger 서비스 첫 화면

03 나에게 맞는 블로그는 무엇일까?

앞에서 블로그 카테고리, 키워드에 대한 이야기를 했습니다. 이제부터는 조금 더 구체적으로 '나에게 맞는 블로그는 어떤 것일까?'에 대해 생각해 보겠습니다. 한번 다음의 질문에 대한 답을 생각해 보길 바랍니다.

1. 주제는 무엇으로 할까?
2. 세부 카테고리는 무엇으로 분류할까?
3. 글과 사진을 함께 올릴까, 아니면 글만 쓸까? 글은 어느 정도 분량으로 올리면 좋을까?
4. 블로그를 개인적인 목적으로 운영할까, 회사 소개 및 제품 판매용으로 운영할까?

위와 같은 질문을 들었을 때 이미 주제가 확실히 정해진 분들은 바로 답이 나옵니다. 나에게 맞는 블로그를 확실히 찾은 모습이죠. 예를 들어 여행이라는 주제를 생각하고 있는 분은 다음과 같이 대답할 것입니다.

1. 주제는 여행 블로그로 하자.
2. 세부 카테고리는 국내여행, 해외여행, 여행사진으로 분류하자.
3. 글과 사진을 함께 올리자. 글은 최소 1,000자 이상 쓰는 것을 목표로 하자.
4. 일단 개인 블로그로 운영하자.

이렇게 이야기할 수 있는 분이라면 블로그에 대해서 이미 많이 생각한 분입니다. 하지만 처음 시작하는 대부분은 구체화되어 있는 내용이 거의 없습니다. 블로그를 단순히 공부해 보고 싶어서 시작한다면 이렇게 세밀하게 구체화하지 않아도 되지만 그렇지 않고 무언가 얻고 싶은 것이 있다면 얻고자 하는 그것이 무엇인지를 명확히 알아야 합니다. 다음에 나오는 3단계는 나에게 맞는 블로그를 찾기 위한 과정입니다. 이 과정을 통해 내가 블로그로 무엇을 이루길 바라는지와 나한테 어울리는 블로그를 고민해 봅니다.

① 나에게 맞는 블로그 찾기 1단계 : 나에 대한 정리

일단 나에 대해 정리합니다. 가장 기본적인 나에 대한 사항과 성격을 정리합니다.

이름	
가장 잘하는 것	
가장 좋아하는 것	
앞으로 잘하고 싶은 것	
지금 떠오르는 것	

나를 정리할 때는 성격유형 검사 프로그램을 통해 모르고 있던 나의 유형을 찾아봐도 좋습니다. 성격유형 검사는 나를 다른 사람이 비교적 객관적으로 분석한다는 의미가 있습니다. 검사의 신뢰도와 상관없이, 많은 검사 결과를 보고 고민하면서 숨겨져 있던 모습을 발견하려 해 봅니다.

많은 화제가 되었던 MBTI 검사(https://www.16personalities.com/ko)

워크넷 성인용 심리검사(https://www.work.go.kr)

특히 워크넷에서는 다양한 검사를 할 수 있는데 직업 흥미도 검사의 경우 아래와 같이 세부 보고서를 볼 수 있습니다. 같은 직업을 가진 사람들의 점수 대비 나의 점수 분포도 볼 수 있으며, 명확한 일을 좋아하는지 창의적인 일을 좋아하는지 등 다양한 경우의 수를 알 수 있습니다.

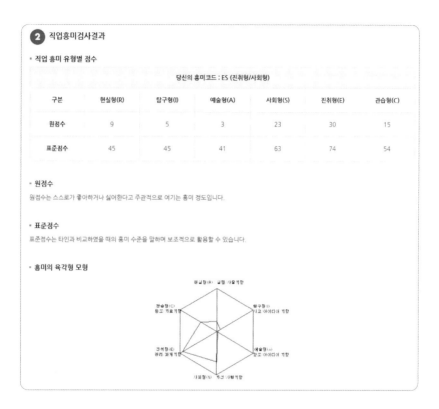

만약 검사 결과를 종합하니 수학처럼 정답이 있는 일이 맞다는 결과가 나왔고 나 자신도 그렇다고 생각한다면 블로그 운영 방향은 정확한 정보를 안내하는 정보성 블로그로 운영하는 것이 좋을 수도 있습니다. 이상적으로 생각하는 것과 내마음이 움직여서 잘할 수 있는 것은 조금 다릅니다. 나에 대한 정리를 기반으로 크게 정보 전달형 블로그가 맞을지 창의형 블로그가 맞을지를 선택해 봅니다.

성격 분류에 맞는 블로그 유형

둘 중 하나를 꼭 선택해야 하는 것은 아니며 블로그에 내용을 담을 때 정보 전달 50%, 창의적인 내용 50%를 섞어 담을 수도 있습니다. 개인적으로는 어떤 유형이 맞을지 체크해 보면 앞으로 방향을 찾아가는 데 도움이 됩니다.

② 나에게 맞는 블로그 찾기 2단계 : 블로그 운영의 핵심 목적 정하기

1단계에서 어떤 결과가 나왔는지 궁금합니다. 1단계에서 나의 성격 유형에 맞게 블로그 종류를 선택해 봤다면 이번에는 블로그 운영 목적을 정합니다. 정보 전달형/창의형 블로그 모두 목적에 따라 이렇게 하위로 나뉩니다. 크게 ① 개인 일기장, ② 이웃과의 소통, ③ 기업 홍보의 3가지 유형이 있습니다. 비율을 정해도 됩니다. 비율을 정한다는 것은 개인 일기장 50%, 이웃과의 소통 20%, 기업 홍보 30%로 주제와 글의 비중을 고루 나눠도 된다는 의미입니다.

〈개인 블로그〉   〈기업 블로그〉

블로그 운영 핵심 목적

개인 일기장 용도를 선택했다면 좋은 친구가 생겼다고 생각하면 됩니다. 블로그와 편안하게 이야기를 나누듯, 있었던 일들을 블로그에 쓰면 되기 때문에 가장 부담 없이 운영할 수 있습니다. 이웃과 소통하는 용도도 편안하게 글을 써 올릴 수 있지만 주제가 명확하게 있는 것이 좋습니다. 영화 블로그, 사진 블로그처럼 주제를 명확히 정해 놓고 글을 쓰면 같은 관심사를 가진 분들과 자연스럽게 이웃이 되기에 용이합니다.

기업 소개 및 제품 홍보 용도 블로그는 정체성 측면에서 가장 많이 신경 써야 하는 블로그입니다. 회사의 이미지를 블로그에서 어떻게 만들어 갈 것이며 글을 쓸 때의 포인트는 무엇으로 잡을 것인지를 고민해야 하고, 소비자의 시선을 잡을 수 있는 사진 및 동영상에 대한 기획도 필요합니다.

③ 나에게 맞는 블로그 찾기 3단계 : 유형 분석하여 기본 사항 작성해 나가기

2단계를 통해 블로그 운영 목적을 정했다면, 유형에 맞게 아래 표를 참고하여 블로그 이름, 닉네임, 소개, 해시태그 등을 만들어 갑니다.

유형	블로그 이름	닉네임	소개	해시태그
개인 블로그	Hugh 군의 맛있는 Story	hugh	밀양의 맛집과 카페 및 좋은 장소들을 돌아다니며 기록하는 열정 만수르 청년의 일기장	#맛집 #밀양맛집 #밀양체험 #밀양여행 #밀양가볼만한곳 #밀양드라이브
기업 블로그	프리미엄 탄력케어 듀얼소닉	듀얼소닉	홈케어 뷰티 디바이스인 듀얼소닉 제품의 정보를 소개하는 듀얼소닉 블로그	#듀얼소닉 #DUALSONIC #피부미용기기 #뷰티디바이스

왼쪽 표를 보면 개인 블로그의 경우 맛집과 카페, 여행을 주제로 운영하기 위한 블로그라는 사실을 알 수 있으며 기업 블로그는 피부 미용기기를 홍보하기 위한 블로그라는 사실을 알 수 있습니다. 이와 같이 정할 수 있다면 블로그 정체성을 충분히 확립했습니다. 물론 개인적인 일기장으로 사용한다면 명확하게 정리하지 않은 상태에서 시작해도 됩니다. 이 경우에는 블로그를 운영하며 자연스럽게 정리될 수도 있습니다.

나에게 맞는 블로그 찾아가기 1, 2, 3단계를 거치면서 생각이 어느 정도 구체화되었나요? 지금까지의 내용을 기반으로 다음 장에서는 블로그 기획서를 완성할 예정입니다.

NOTE

자주 묻는 질문 **블로그의 활용 범위**

Q. 개인 블로그와 기업 블로그의 활용 범위가 궁금합니다.

A. 개인 블로그는 개인의 생각과 경험을 공유하는 공간입니다. 블로그 운영자의 관심사를 자유로운 방법으로 소개하고 블로그에 방문한 이웃과 소통하며 서로의 생각을 이야기하는 공간으로 활용합니다.

기업 블로그는 잠재 고객과 기존 고객에게 홍보 목적으로 회사나 제품에 대한 정보를 전달하며 브랜드 인지도를 높이고, 고객의 의견을 수렴하여 서비스와 제품 품질을 향상하는 용도로 활용합니다.

개인 블로그와 기업 블로그의 개설 방법은 같습니다. 기업 블로그의 경우 개설 후에 기업 공식 블로그 신청이 가능합니다(67p 참고).

04 나만의 블로그 기획서 만들기

이전까지는 블로그란 무엇인지와 '나에게 맞는 블로그는 뭘까?', '어떤 유형으로 시작하면 좋을까?' 등 기본적인 방향에 대한 이야기를 나누는 시간이었습니다. 지금부터는 기획서를 작성하고 실제로 블로그를 만들어 보는 시간입니다.

블로그 기획서는 블로그의 운영 방향 및 타깃 설정을 기반으로 자신만의 콘셉트를 명확히 설정하는 것이 중요합니다. 정확한 목표가 없으면 만들어 가는 과정에서 생각했던 것과 다른 방향으로 전개되기 쉽습니다.

1 기획서 작성 전에 해야 할 사항

먼저 '나는 어떤 블로그를 운영하려고 하는가?'라는 질문으로 많은 고민을 해야 합니다. 앞서서 고민한 기본 방향을 바탕으로 조금씩 구체적인 블로그의 모습을 그립니다. 블로그를 만드는 것 자체는 쉽지만 꾸준히 운영하는 것은 어렵습니다. 꾸준히 운영하기 위해서는 어떤 콘텐츠를 안고 어떻게 운영할 것인가에 대한 구체적인 계획이 필요합니다.

생각하고 있는 블로그 주제가 명확하다면 해당 주제로 바로 기획서 작성을 시작해도 되지만, 명확한 주제가 잘 떠오르지 않거나 구체적인 그림을 그리기 어렵다면 가장 좋은 방법이 있습니다. 바로 다른 사람들이 어떻게 블로그를 운영하고 있는지 보는 것입니다. 블로그 주제는 어떤 것으로 선택했는지, 블로그 디자인은 사용자가 편리하게 사용할 수 있도록 구성되어 있는지, 경쟁력을 키워 가기 위해서 어떤 노력을 하고 있는지를 분석하여 나만의 콘텐츠 방향성을 잡는 데 참고합니다.

네이버 블로그 홈에 접속하면 [주제별 보기] 메뉴가 있습니다. [주제별 보기] 메뉴를 클릭하면 엔터테인먼트, 예술, 생활, 노하우, 쇼핑, 취미, 여가, 여행, 지식, 동향 등 다양한 카테고리로 블로그 글이 분리되어 나타납니다. 네이버는 이렇게 주제별로 정리가 잘 되어 있어 원하는 주제의 블로그를 쉽게 검색할 수 있습니다.

예를 들어 엔터테인먼트 · 예술 항목을 클릭한 후에 영화 메뉴를 클릭하면 영화를 주제로 올라온 글을 볼 수 있습니다.

오드리팝콘의 영화 속 작은 세상 이야기

자신의 방향과 유사한 블로그에 접속하여 블로그 이름, 소개, 프로필 이미지, 카테고리, 글별 제목, 내용 구성, 키워드 등을 분석합니다. 블로그 분석은 최소 3곳 이상 하여 기획서 만들기에 참고하기를 추천합니다.

블로그 이름	오드리팝콘의 영화 속 작은 세상 이야기
블로그 소개	어바웃타임처럼 아름다운 인생을 꿈꾸는 로맨스 전문 영화 인플 오드리팝콘입니다.
닉네임	오드리팝콘
카테고리	일상/영화이야기/영화두배로즐기기
글 구성	사진 5장 이상 / 동영상 1~2개 / 해시태그 10개 / 글 500자 이상
블로그 이웃	3614명

블로그 분석 예시

네이버에서는 이달의 블로그를 선정합니다. 이달의 블로그는 네이버가 분류한 32개 기본 주제 중에서 매월 4~6개의 주제를 선정하고 해당 주제에서 좋은 콘텐츠를 다루고 있는 블로그를 최대 20개 선정합니다. 네이버가 선정하는 이 달의 블로그에서는 일반 블로그보다도 더욱 세밀한 구성 및 표현법 등을 배울 수 있습니다.

2 블로그 기획서 작성하기

앞선 장들에서 고민한 항목(카테고리, 유형, 목적 등)과 다른 블로그를 탐색하여 결정한 내용을 바탕으로 기획서를 작성합니다. 블로그 기획서를 만들 때 저는 마인드맵 프로그램을 활용합니다. 마인드맵 프로그램은 생각과 지식 등을 계층 구조로 쉽게 표현할 수 있습니다. 제가 자주 활용하는 프로그램은 이드로우 마인드앱입니다. 이드로우 마인드맵 프로그램을 활용하여 기획 초기 단계에서 콘텐츠를 구체화하는 5W2H 작성과, 목표 시장을 세분화하는 STP 전략에 대해 알아보겠습니다.

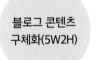

블로그 기획을 위한 분석

5W2H는 육하원칙(5W1H)에 How much가 추가된 것으로, 기획서 골격을 만들기에 효과적입니다. 5W1H는 언제(When), 어디서(Where), 누가(Who), 무엇을(What), 왜(Why), 어떻게(How)입니다. How much는 '얼마에 판매·제공할 것인가'입니다. 이를 이용해 콘텐츠를 구체화된 한 줄로 정리할 수 있습니다. 아래는 제 수강생 한 분의 작성 예시입니다.

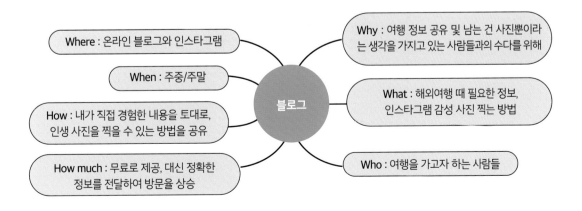

Why	왜	블로그 목적	여행 정보 공유 및 낡는 건 사진뿐이라는 생각을 가지고 있는 사람들과의 수다를 위해
What	무엇을	블로그 콘텐츠	해외여행 때 필요한 정보, 인스타그램 감성 사진 찍는 방법
Who	누가	블로그 이웃	여행을 가고자 하는 사람들
Where	어디서	운영 채널	온라인 블로그와 인스타그램
When	언제	블로그 운영 시간	주중/주말
How	어떻게	블로그 차별화	내가 직접 경험한 내용을 토대로, 인생 사진을 찍을 수 있는 방법을 공유
How much	얼마나	이용료 가치	무료로 제공, 대신 정확한 정보를 전달하여 방문율 상승

5W2H 마인드맵 작성 예시

위의 표를 참고해서 자신의 블로그 콘텐츠를 5W2H로 작성해 봅시다.

Why	왜	블로그 목적	
What	무엇을	블로그 콘텐츠	
Who	누가	블로그 이웃	
Where	어디서	운영 채널	
When	언제	블로그 운영 시간	
How	어떻게	블로그 차별화	
How much	얼마나	이용료 가치	

5W2H에 따라 내용을 작성하는 과정에서 블로그 목적 및 콘텐츠가 구체화되었을 것입니다. 다음으로는 블로그 이용 대상과 목적을 좀 더 구체화해야 합니다. 나만을 위한 블로그가 아닌 이상, 아무리 좋은 콘텐츠를 올린다고 해도 보는 사람이 없다면 그 블로그는 존재 의의가 없습니다. 누군가에게 보여 주는 목적이 있다면 이 콘텐츠를 보는 시장을 정밀하게 분석하여, 시장에서 원하는 콘텐츠로 가공하는 노력을 해야 합니다. 이것이 구체화 작업입니다. '나의 블로그는 누가 볼까?', '그중 나의 글을 좋아할 핵심 구독자는 누가 될까?', '나의 블로그에서는 어떤 정보와 가치를 제공하는 것을 목적으로 해야 할까?' 등의 질문을 던져 봅니다.

구체화 작업을 할 때는 STP 전략을 이용합니다. STP 전략은 새로운 서비스나 제품 등을 홍보하려고 할 때 시장을 세분화하고, 목표 시장을 설정한 후에 제공하는 가치를 통해 새로운 포지션을 만들어 가는 전략입니다. 마케팅 분야에서 상당히 많이 사용하는 전략으로, 다음과 같습니다.

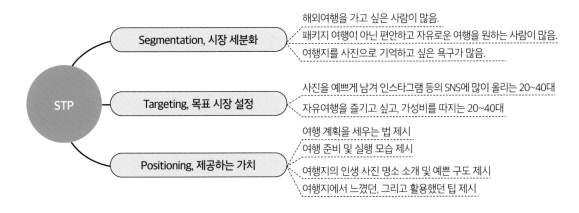

Segmentation	시장 세분화	해외여행을 가고 싶은 사람이 많음. 패키지 여행이 아닌 편안하고 자유로운 여행을 원하는 사람이 많음. 여행지를 사진으로 기억하고 싶은 욕구가 많음.
Targeting	목표 시장 설정	사진을 예쁘게 남겨 인스타그램 등의 SNS에 많이 올리는 20~40대. 자유 여행을 즐기고 싶고, 가성비를 따지는 20~40대.
Positioning	제공하는 가치	여행 계획을 세우는 법을 제시 여행 준비 및 실행 모습 제시 여행지의 인생 사진 명소 소개 및 예쁜 구도 제시 여행지에서 느꼈던, 그리고 활용했던 팁 제시

STP 전략의 예시

블로그를 기획할 때 블로그 글을 보는 많은 사람들(Segmentation, 시장 세분화) 중에 나의 글을 볼 사람은 누구이며(Targeting, 목표 시장 설정), 그 사람들에게 어떤 내용을 전달할 것인가를 결정(Positioning, 제공하는 가치)하는 데 도움을 주는 것이 STP 전략입니다. 이렇게 나의 글을 볼 사람이

블로그 소개

블로그 기초

블로그 개설

블로그 디자인

블로그 글쓰기

이웃 관리와 통계

블로그 마켓

누구인지를 명확하게 파악해야 블로그의 콘텐츠가 세분화된 타깃에 맞는 콘텐츠로 구성될 것입니다. 그러면 한 번 방문한 사람들의 재방문 확률도 높아지죠. 해당 분야에 대한 전문적인 지식을 갖게 됩니다. 앞의 예시를 보며 나만의 STP를 만들어 보세요.

Segmentation	시장 세분화	
Targeting	목표 시장 설정	
Positioning	제공하는 가치	

마지막으로, 앞의 5W2H와 STP를 다른 사람들에게 보여 주며 의견을 물어봅니다. 다른 사람들은 온라인상에서 내 글을 보는 독자와 같습니다. 독자의 시선에서 이런 콘셉트의 블로그가 있다면 어떨지를 객관적으로 알려 줄 수 있습니다. 이 과정을 포함한 수정 보완 과정은 방향 설정을 하는 데 매우 중요하니 시간을 많이 써서라도 최종적으로 점검합니다.

앞에서 살펴본 대로 따라 했다면 블로그에 어떤 내용을 담을 것이며 누구에게 보여 줄 것인지를 확실히 찾았을 것입니다. 그럼 기획서는 쉽게 작성할 수 있습니다. 이제 블로그 기본 정보와 함께, 최종 기획서를 작성합니다. 블로그 기본 정보에는 블로그 이름, 닉네임, 프로필 이미지 등이 있습니다.

블로그 기획서

항목	내용
블로그 목적	
블로그 이름	
블로그 닉네임	
프로필 이미지	
카테고리	
블로그 유형	
애드포스트 진행	
디자인 콘셉트	
포스팅 목표	
나의 다짐	

블로그 기획서의 내용을 세부 항목별로 확인해 보겠습니다. 일단 기본 정보를 작성하고 디자인 콘셉트와 포스팅 목표를 적습니다.

블로그 목적	책이 주는 선물을 공유하기 위해 운영하는 블로그
블로그 이름	꿈꾸는 생각
블로그 닉네임	책선물
프로필 이미지	
카테고리	그림책 / 국내도서 / 해외도서 / 도서원작영화
디자인 콘셉트	심플형
포스팅 목표	1일 1포스팅 100일 도전

블로그 기본 정보 작성 예시

그 다음에는 블로그를 개인적으로 운영하려고 하는 것인지, 이웃과의 소통용으로 운영하려고 하는 것인지, 기업 블로그 용도로 운영하려고 하는 것인지를 체크합니다. 블로그 마켓 또는 애드포스트 등 수익 창출과도 관련되어 있다면 원하는 수익을 대략 작성해 둡니다.

블로그 유형	개인 블로그	이웃과 소통	기업 블로그
	○	○	
애드포스트 진행	신청		신청 안 함
	○		
	목표 수익	월 30만 원	

블로그 유형 및 애드포스트 신청 여부 예시

NOTE

자주 묻는 질문 *블로그 기획서*

Q1. 처음에는 개인 블로그로 운영하다가 사업을 시작하면 기업 블로그로 변경하려고 합니다. 이런 경우 기존에 작성했던 글의 내용은 지워야 하나요?

A. 기존 글을 꼭 지울 필요는 없으나 게시판을 정리하는 것은 추천드립니다. 예를 들어 사진, 취미, 맛집, 일기장 등 개인적인 글들이 모인 게시판들은 해당 게시판들을 일상 게시판 하나로 묶어서 해당 글을 모두 일상 게시판으로 이동시킵니다. 그리고 사업에 관한 게시판을 별도로 추가하여 사업 정보를 홍보하길 바랍니다.
이렇게 사업에 관한 홍보 글을 쓰다 보면 유입량이 다시 늘어날 것입니다. 어느 정도 유입량이 늘어났다면 그제서야 일상 게시판을 비공개 게시판으로 전환하면 됩니다.

블로그 용도를 전환한다고 하여 글을 모두 지우면 유입량이 없는 블로그가 되기 때문에 기존의 글들도 유지하다가 사업용으로 블로그가 활성화될 때 비공개로 전환하거나 지우는 것이 좋습니다.

Q2. 개인 일기장으로 블로그를 시작하려고 하는데 블로그 기획서를 꼭 작성해야 하나요?

A. 개인 일기장용이라면 블로그 기획서는 꼭 작성하지 않아도 됩니다. 개인 일기 글을 쓰다 보면 자연스럽게 특정 주제가 잡히며 내 글을 읽기 위해 주기적으로 방문하는 이웃도 생깁니다. 처음에는 이렇게 운영하다가 특정한 독자나 새로 찾은 특정 주제를 대상으로 전문적으로 운영하고 싶어질 때 기획서를 작성해도 됩니다. 처음에는 시작하는 것 자체가 중요하다고 생각합니다.

Q3. 기획서의 내용처럼 블로그를 개설했다가 블로그 정보를 변경하고 싶을 때 변경이 가능한가요?

A. 네 변경 가능합니다. 여러 번 변경할 수 있습니다. 다만 블로그 주소는 1회 변경할 수 있습니다.

Q4. 프로필 이미지는 필수로 등록해야 하나요?

A. 프로필 이미지는 등록하지 않아도 됩니다. 등록을 안 하는 경우에는 닉네임만 표시되며 프로필 이미지는 추가하고 싶을 때 언제나 추가할 수 있습니다.

Q5. 기획서 내용 중. 포스팅 목표는 설정하기가 힘든데 꼭 설정해야 하나요?

A. 포스팅 목표는 운영자 입장에서 생각하면 주기적으로 글을 쓰는 습관을 만들 수 있기 때문에 목표를 설정하여 쓰는 습관이 중요합니다. 글을 읽는 독자 입장에서 생각하면 일정한 주기로 글이 올라와야 다음 글을 기다리며 지속적인 관심을 가지기 때문에 포스팅 목표 설정은 활성화에 도움이 됩니다.

블로그소개

블로그 기초

블로그 개설

블로그 디자인

블로그 글쓰기

이웃 관리와 홍보

블로그 마켓

Part 02

블로그 기초,
이런 것이 중요하다!

블로그 이해와 유형 분석, 나에게 맞는 블로그에 대한 고민, 블로그 기획서 등 기본적인 작업을 통해 많은 생각이 정리되었을 것입니다. 이번에는 블로그를 실제로 만들기 전에 제목, 본문 구성, 사진과 태그, 링크 등 블로그 구성 요소별 중요 사항을 정리하는 시간을 갖겠습니다.

블로그의 생명, 제목과 키워드

블로그에 글을 쓴다는 것은 공개적으로 글을 쓰는 행위입니다. 때문에 제목과 내용이 읽는 사람으로 하여금 목적에 맞는 내용이라는 평을 받을 수 있어야 합니다. 단지 많이 검색되게 하기 위해서 이슈가 되는 제목과 키워드만 사용하고 본문을 이해할 수 없게 쓰면 절대 안 됩니다.

이제부터는 틈틈이 메모를 하고 다른 사람의 글을 읽으며 글로 말하고자 하는 바를 표현하는 연습을 합니다. 그 연습의 시작은 알맞은 제목과 키워드를 선정하는 일입니다.

글의 제목과 키워드는 블로그의 생명과도 같습니다. 검색 니즈에 맞게 제목과 키워드를 잘 사용했고, 해당 제목을 클릭하여 접속했더니 접속자가 원하는 내용이 충분히 있어서 오랜 시간 블로그에 머물러서 정보를 얻고 나간다면 그 글이야말로 최고의 점수를 받을 수 있는 블로그 글입니다. 이는 검색 로직에 긍정적으로 작용하고, 내 블로그가 검색 결과로 더 노출되는 선순환으로 이어집니다.

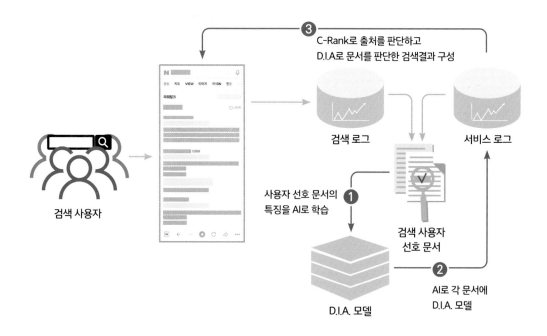

네이버 검색 로직 흐름도

NOTE

검색은 일정 패턴을 갖는 로직에 의해서 결과가 나타납니다. 네이버의 검색 로직에는 C-RANK와 D.I.A 로직이 있습니다. C-RANK는 블로그 전체에 대한 신뢰도 평가를 하고 D.I.A는 개별 콘텐츠에 대한 사용자의 선호도 평가를 합니다. 뒤에서 로직에 대한 이야기를 추가로 할 예정이니 지금은 '검색 로직이란 것이 작용하는구나' 정도로 이해하면 됩니다.

1 키워드 선정 과정

지금부터는 제목을 짓기 위해서 키워드를 선정하는 과정을 실습해 보겠습니다. 블로그 제목은 글을 쓰기 전에 정하는 경우도 있고 글을 모두 쓴 후에 정하는 경우도 있습니다. 처음 글을 쓴다면 제목으로 핵심 키워드만 잡아 놓고 글을 모두 쓴 후에 최종 제목을 완성하는 방법을 추천합니다.

한번 가장 최근에 있었던 일을 생각해 봅니다. 주말에 가족 여행을 다녀왔거나 식사했던 장면, 사진을 찍으러 돌아다녔던 장면, 그 외 특별한 기억이 있다면 관련된 단어를 정리해 봅니다. 아래는 주말에 강원도에 가족여행을 갔었던 일을 떠올리며 선정한 키워드입니다.

#가족여행 #주말 가족여행

다음에는 처음 생각난 키워드에 살을 덧붙입니다. 여행이 키워드이니 지역을 추가하는 것이 좋겠습니다.

#강원도 여행 #강원도 가족여행 #강원도 주말 가족여행

키워드를 구체화했지만 강원도는 너무 넓은 범위라서 조금 더 구체적인 장소를 추가하겠습니다. 특정 장소 및 추가 항목을 생각해 봅니다. 예를 들어 바다에 갔다면 바다여행이 키워드가 될 수 있고, 어떤 활동을 했다면 그 활동과 지명을 엮어서 키워드로 선정할 수도 있습니다.

#강원도 바다여행 #정동진 #정동진역 #정동진 레일바이크
#정동진 가족여행 #정동진 힐링여행

이렇게 위의 단계대로 키워드를 구체화하면 제목 만들기가 쉽습니다. 단계별 키워드가 전체 글의 핵심 키워드들이기 때문에, 이 키워드들을 이용하여 제목을 꾸미면 내용의 핵심이 쉽게 드러납니다. 또한 이 키워드들은 추후 해시태그 등에도 활용할 수 있습니다. 제목을 억지로 생각하려고 하면 잘 떠오

블로그 소개

블로그 기초

블로그 개설

블로그 디자인

블로그 글쓰기

이웃 관리와 홍보

블로그 마켓

르지 않으니 일련의 과정을 거치며 조금씩 구체화하길 바랍니다. 위 과정을 토대로 뽑은 키워드는 다음과 같습니다.

> 가족여행, 주말 가족여행, 강원도 여행, 강원도 가족여행, 강원도 주말 가족여행,
> 강원도 바다여행, 정동진, 정동진역, 정동진 레일바이크, 정동진 가족여행,
> 정동진 힐링여행, 정동진 가족여행 코스

이제는 이 키워드를 조합해서 제목을 만듭니다. 키워드 나열 방식은 좋지 않습니다. 핵심 키워드에 수식어를 넣어서 자연스럽게 만드는 것을 추천합니다.

제목 후보

1. 정동진 주말 가족여행 추천코스
2. 강원도 정동진 부모님 모시고 가 볼 만한 곳 추천
3. 아이들과 함께 강원도 여행, 추천 코스 베스트 5
4. 강원도 가족여행 3일간의 추천 코스
5. 강원도 여행 맛집 및 10% 할인 쿠폰 받는 꿀팁

위와 같이 제목을 지었다면 대표 키워드와 세부 키워드에 대한 이해를 감각적으로 한 상태입니다. 대표 키워드는 검색량이 많지만 관련 글도 그만큼 많아 경쟁이 치열합니다. 경쟁이 치열하다는 것은 상위에 노출될 확률이 적다는 의미입니다. 때문에 블로그를 시작할 때는 세부 키워드를 공략하는 것이 좋습니다. 사람들은 대표 키워드로 검색하면 너무 많은 정보가 나오기 때문에 빠르게 원하는 정보를 찾지 못한다는 것을 알고 다시 세부적인 검색을 하는데 이때 세부 키워드가 잘 잡혀 있으면 유입이 이루어집니다.

대표 키워드	#여행 #강원도 #정동진 #강원도여행	검색량은 많지만 경쟁이 치열하여 내 글을 클릭할 확률이 적다.
세부 키워드	#주말가족여행 #여행추천코스 #강원도오션뷰펜션	대표 키워드보다 검색량은 적지만 세부 내용을 검색하는 사용자가 클릭할 확률이 높고 하위 분야에서 인지도를 높일 수 있다.

키워드를 조합하여 제목을 작성했다면 검증하는 시간을 가집니다. 선정한 키워드를 검색하여 선호도를 확인하는 것입니다. 선호도를 확인하는 방법으로는 네이버 자동완성 기능을 활용하면 됩니다. 네이버 자동완성 기능은 사용자들이 네이버에서 자주 검색하고 클릭하는 비중이 높은 키워드를 자동완성하여 보여 주는 기능입니다.

네이버 검색 창에 '강원도 여행'을 입력하고 잠시 기다리면 자동완성 키워드가 뜨는 것을 볼 수 있습니다. 자동완성 키워드는 검색하고 있는 키워드와 같은 관심사를 빅데이터 기술로 분석하여 추천하는 키워드 방식으로, 네이버에 로그인하여 검색해야 이용할 수 있습니다. 나와 유사한 사용자 그룹이 선호하는 데이터를 보여 주기 때문에 생각하지 못했던 좋은 키워드를 얻을 수 있습니다. 자동완성 키워드를 보며 생각하지 못했던 키워드인데 끌리는 키워드가 있다면 추가로 적어 둡니다. 예시에서는 '강원도 여행'이라는 키워드로 검색을 했습니다.

#아기랑 강원도여행 #강원도 여행지도 #강원도 여행백서

자동완성 키워드와는 별도로, 검색 결과 화면을 하단으로 내리면 연관 검색어가 나타나 있습니다. 연관 검색어는 검색한 내용을 키워드로 세분화하여 구체적인 검색을 도와주는 서비스입니다. 연관 검색어에서도 추가로 사용하고 싶은 키워드가 있다면 정리합니다.

#1월 강원도 여행 #강원도 펜션

이 두 방법으로 추가로 찾은 키워드를 기존에 선정한 키워드와 합치면, 결과적으로는 '니즈 분석'과 '검색량이 많은 제목 작성' 두 가지를 한번에 얻을 수 있습니다.

내가 생각한 키워드 + 네이버 빅데이터 키워드 = 상위 노출 및 검색량 증가 글을 쓰고 있는 시점에서는 앞과 같은 과정을 통해 결정한 키워드의 검색량이 많은지도 검증해 봐야 합니다. 이는 네이버 데이터랩을 이용하면 쉽게 검증할 수 있습니다. 제목에 A, B 키워드 중 어떤 키워드를 써야 할지 고민스러울 때도 유용한 방법입니다.

예를 들어, '강원도 여행코스'와 '강원도 여행지도'라는 키워드가 있다면 어떤 키워드를 쓰는 것이 좋을까요? 사용자들이 어떤 키워드를 더 많이 검색하는지를 파악하면 선택에 도움이 됩니다. 이때 네이버 데이터랩을 활용합니다. 검색어 트렌드에서는 주제어의 검색량을 확인할 수 있습니다.

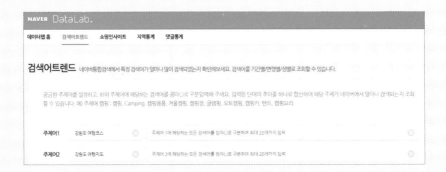

주제어1 : 강원도 여행코스
주제어2 : 강원도 여행지도

두 키워드에 대해 검색어 트렌드 조회를 해 보면 아래와 같은 결과가 나옵니다. 강원도 여행코스가 강원도 여행지도보다 검색량이 많은 것을 볼 수 있습니다. 또한 여름 휴가철에 검색량이 월등히 높아진다는 추가적인 사실도 알 수 있습니다. 둘 다 내 글에 어울리는 키워드라면 '강원도 여행코스'가 '강원도 여행지도'보다 제목으로 쓰기에 적합하겠지요.

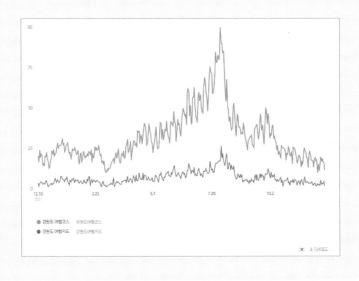

그 외 키워드 분석 시 이용하기 좋은 사이트는 다음과 같습니다.

① 아이템스카우트 : https://itemscout.io/keyword

② 판다랭크 : https://pandarank.net

② 제목 선정 시 기타 고려사항

키워드 외에 제목을 선정할 때 추가로 고려해야 할 사항에 대해 알아보겠습니다.

① 제목은 글의 내용을 대표할 수 있어야 하며 명확하고 간결할 것!

많은 사람들과의 정보 교류와 소통을 중요시하는 블로그라면 '글쓰기' 기술이 매우 중요합니다. 특히 검색 결과를 통해 블로그에 접속하는 불특정 다수의 검색 사용자와 소통을 한다는 점에서, 검색 결과에 보이는 제목이야말로 가장 중요하다고 볼 수 있습니다.

제목은 글의 내용이 무엇인지 알려 줄 뿐만 아니라 글의 품질을 보여 주기도 합니다. 그래서 검색 사용자가 검색 결과 중에서 글을 선택할 때 가장 먼저, 그리고 중요하게 보는 것이죠. 좋은 제목은 검색 사용자가 입력한 검색어의 의도를 이해했으며 원하는 정보가 이 글에 있음을 잘 표현할 수 있어야 합니다. 그러기 위해서는 가급적 명확하고 간결한 제목이 좋습니다.

 **안 좋은 사례** 지역명과 제공 서비스를 제목에 나열한 블로그 사례

> **사례1** : 번호키출장열쇠@강동구천호동둔촌동초이동암사동강일동상일동고덕동길동@번호키출장
> **사례2** : 부산 무한잉크공급 내방설치, 동래구 무한잉크, 부산 무한잉크공급 내방설치, 동래구무한잉크, 부산무한프린터

위 제목들처럼 지역명이나 제품명 등을 제목에 나열하면 검색 사용자는 해당 블로그 글이 어떤 내용을 다루고 있는지 정확하게 파악하기 어려울 뿐만 아니라 정확도나 전문성 등 전반적인 품질이 높지 않을 것이라고 예상합니다. 굳이 이렇게 제목에 검색어를 나열하지 않아도 본문에서 문단이나 표 등을 활용해 잘 정리하면 검색 결과에도 잘 나올 수 있고 실제 정보 전달력 또한 높일 수 있어 훨씬 효과적입니다.

 좋은 사례 제목과 본문을 잘 분리하여 본문 영역에 출장 지역 리스트를 잘 정리해 놓은 사례

> **제목** : 청주 "유리" 출장 요청 시 가능 지역 리스트
> **내용** : 청주시 전 지역, 인근 청원군과 증평군, 그리고 오창읍과 오송읍도 모두 출장 가능합니다.

② 검색어(키워드)를 제목과 본문에 많이 넣을수록 좋다? NO!

검색어가 많이 포함된 문서일수록 해당 검색어에 대한 내용을 다루고 있을 가능성이 높다고 판단할 것이니 검색어나 키워드로 선택한 단어를 많이 넣는 게 좋다고 생각할 수도 있습니다. 하지만 짧은 검색어 안에는 수많은 검색 의도가 함축적으로 담겨 있습니다. 이러한 의도는 검색을 하는 시점이나 공간 그리고 검색 사용자의 취향 등에 따라 천차만별로 다릅니다. 따라서 실제 검색 사용자의 의도에 더 적합한 문서가 맞는지를 단순히 검색어의 사용 빈도로만 판단하기에는 무리가 있습니다. 다음은 어떤 블로그 글의 제목입니다.

 **안 좋은 사례** 제목에 특정 단어를 반복 사용한 블로그 사례

> **[000수분크림]** 수분크림순위, 수분크림추천, 수분크림사용후기, 수분크림리얼후기

'수분크림'이라는 단어가 5번이나 반복되고 있어서 이 블로그 글이 수분크림에 대한 내용이라는 것은 금방 알 수 있습니다. 하지만 어딘가 자연스럽지 않습니다. 이런 제목의 글 본문을 읽어 보면 대부분은 제목처럼 문구를 문맥과 무관하게 반복합니다.

아마도 '수분크림 추천'이나 '수분크림 후기'를 검색했을 때 검색 결과에 나오게 하려고 이렇게 제목과 본문에 수분크림을 반복 사용한 것으로 보입니다. 하지만 '수분크림' 혹은 '수분크림 추천'을 검색했을 때 이런 문서가 먼저 나온다면 좋은 검색 결과라 할 수 있을까요? 당연히 이렇게 인위적으로 검색어를 넣어 작성한 문서는 검색 사용자의 선호도가 떨어지기 마련이고, 검색 랭킹 로직에 의해서 검색 결과에서도 자연스럽게 후순위로 밀려납니다.

③ 네이버는 낚시성 문서가 검색 결과에 나오지 않게 한다!

네이버는 사용자 보호 및 검색 품질을 위해 낚시성 문서를 스팸·어뷰징 문서로 분류해 놓았습니다. 네이버에서 정의한 낚시성 문서는 다음과 같습니다.

> **낚시성 문서** : 검색 의도와 관계없는 내용을 검색 결과에 노출시키기 위해 의도적으로 특정 키워드들을 포함하여 게시한 문서

제목에 특정 검색어를 나열한 문서는 무조건 낚시성 문서라 보기는 어렵습니다. 하지만 검색 결과에 나오게 하기 위해 사실과 다른 내용을 제목이나 본문에 삽입하는 경우는 낚시성 문서로 분류될 가능성이 높습니다. 낚시성 문서는 방문자의 의도와 상관없이 다른 사이트나 문서로 강제 이동시키거나 특정 콘텐츠나 광고 상품 등으로 방문자를 유도하는 것을 모두 포함합니다. 실제 내용은 낚시성 문서가 아니라고 해도 잘못된 제목 때문에 낚시성 문서로 분류될 수도 있습니다.

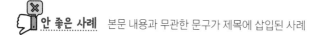 **안 좋은 사례** 본문 내용과 무관한 문구가 제목에 삽입된 사례

> 인천 어린이 박물관 인천 아이와 갈 만한 곳 인천 미용실 000헤어

이 제목의 주 키워드는 분명 '인천 어린이 박물관'과 '인천 아이와 갈 만한 곳'이고, 실제 내용도 그와 관련된 정보일 것입니다. 여러 문제가 있는 제목이지만, 가장 큰 문제는 내용과 상관없는 미용실 업체명이 제목에 포함되어 있다는 점입니다.

해당 블로거는 인천의 명소를 소개하면서 인천에 방문하거나 인천에 거주하는 사람들에게 미용실을 알리고자 이러한 형태의 제목을 사용했을 수도 있습니다. 하지만 내용과 연관성이 적은 문구를 제목에 사용했다는 점에서 엄밀하게 따지면 검색 사용자에게 혼란을 주는 낚시성 문서로 분류될 수 있습니다.

④ 검색 결과 내에서 다른 글에 나쁜 영향을 주거나 정보 탐색에 불편을 주는 제목 역시 제재 사유가 될 수 있다!

키워드를 나열하거나 낚시성 제목을 쓴 것도 아닌데 검색 결과에서 불이익을 받는 제목도 있습니다. 제목에 의미 없는 특수문자를 삽입한 경우가 그중 하나입니다. 물론 단순히 특수문자를 제목에 사용했다는 것만으로 정상적인 블로그 글이 제재를 받는 것은 아닙니다.

네이버 검색 서비스는 원 출처가 가지고 있는 정보를 검색 사용자에게 오롯이 전달하고자, 블로그 글을 포함한 모든 문서에 임의적인 가공이나 편집을 하지 않습니다. 그러나 수많은 문서가 뒤섞여 있는 검색 결과 속에서 원하는 정보를 가장 쉽고 빠르게 찾을 수 있도록 하기 위해 정보 탐색 및 기타 검색 사용에 좋지 않은 영향을 주는 문서는 제재 대상으로 취급할 수 있습니다.

안 좋은 사례 의미 없는 특수문자가 제목에 삽입된 사례

예시와 같이 제목에 의미 없는 특수문자를 과도하게 사용하면 검색 결과의 가독성을 해칩니다. 다른 글에 비해 일시적으로 주목도를 높일 수는 있겠지만, 검색 결과에서 정보가 아닌 다른 요소를 사용해 시각적인 주목도를 높여 가독성을 저해하는 글은 어뷰징 문서로 규정하고 있으니 제목에 특수문자를 사용할 경우 각별히 주의를 기울이는 것이 좋습니다.

특히 '제목에 특수문자를 넣으면 검색 결과에 더 잘 나온다'라거나 '더 상위 랭킹에 위치한다' 등의 루머가 있는데, 이는 사실과 전혀 다를 뿐만 아니라 앞서 설명한 것과 같이 좋지 않은 영향을 줍니다. 일부 불법 홍보에 활용되는 패턴으로도 알려져 있기 때문에 지금이라도 블로그에 이런 제목의 글이 있다면 수정을 하는 것이 좋습니다.

 NOTE

어뷰징 문서
인터넷 페이지에서 정상적인 방법이 아닌 부당한 방법으로 클릭 수를 올리기 위해서 만드는 글을 말합니다.

본문, 글만 대강 써도 된다고 생각하면 오산

본문을 작성한다고 하면 쉽게 생각하는 분들이 많습니다. 글만 몇 자 생각나는 대로 적으면 되는 것 아닌가 하는데 막상 글을 쓰기 시작하면 첫 줄을 넘기지 못하는 경우가 많습니다. 왜냐하면 글 자체도 고려해야 할 사항이 많으며, 글 이외에도 같이 삽입될 다양한 요소들을 고려해야 하기 때문입니다. 본문 글을 구체적으로 작성하는 방법은 뒤의 파트5에서 자세히 다룰 예정입니다. 여기서는 글을 쓰기 직전의 큰 그림을 그리는 것에 대해 알아보도록 합니다.

글만 쓸까? 사진을 넣는다면 몇 장을 넣을까?

영상이나 움짤도 올릴까?

지명이 들어간다면 지도를 넣어야 할까? 어떤 지도를 넣을까?

체류 시간을 올리기 위해 외부 링크를 첨부할까?

글을 작성할 때 고려해야 할 내용들

개인 블로그라면 글을 자유롭게 작성하다 보면 나름의 규칙이 만들어지기도 합니다. 그렇기 때문에 처음에 글의 구성 요소나 규칙성을 고려하기 보다는 편안하게 작성하는 습관을 만드는 것이 중요합니다. 반면 마케팅용이나 기업 블로그용으로 운영하려고 한다면 글로 브랜드 인지도를 향상시켜야 하고 제품에 대한 글을 독자가 이해하기 쉽도록 써야 하기 때문에 스토리보드를 만든 후에 작성하는 것을 추천합니다.

① 본문 구성을 일목요연하게 정리한 스토리보드

스토리보드는 블로그 글의 구성을 어떻게 할 것인지를 미리 작성하는 작업입니다. 기업 블로그의 경우 스토리보드를 작성하고 시작하는 것을 추천합니다. 기업에서 전달하고자 하는 내용을 정리하고 구조화할 수 있어, 독자에게 정보를 일관성 있게 전달하고 기업의 정체성을 만드는 데 도움이 되기 때문입니다. 스토리보드를 구성할 때는 독자가 흥미를 느낄 수 있거나 궁금해할 수 있는 내용을 알기 쉽게 정리하여 등록하는 항목은 필수로 있어야 합니다.

이웃에게 인사
주제와 관련된 사진
주제 관련 내용
주제와 맞는 영상 및 GIF 이미지
이웃에게 마무리 인사

개인 블로그의 스토리보드 예시

섬네일
인사
주제에 맞는 내용
관련 사진
연결 링크
Q&A
약도
문의방법

마케팅 목적, 기업 블로그의 스토리보드 예시

스토리보드를 구성하고 일관성 있게 블로그 글을 쓰고 있는 예시입니다.

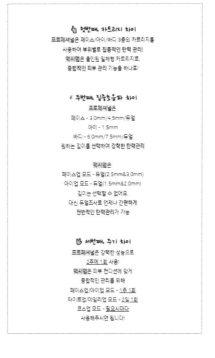

스토리보드에 맞게 글을 작성한 블로그

② 클릭률을 높이는 상단 내용

블로그 스토리보드를 구상할 때는 특히 검색 결과로 먼저 나타나는 요소로 무엇을 선정할지를 정하는 것이 매우 중요합니다. 그 요소들에 의해 클릭률이 결정되기 때문입니다. 아래 화면은 '책 추천'이라는 키워드를 검색한 결과입니다. 결과를 보면 '제목', '상단 내용', '대표 이미지(섬네일)'가 클릭률을 높이는 요소임을 알 수 있습니다. 상단 내용의 경우 간과하기 쉽지만 노출된 상단 내용을 읽고 추가적인 내용을 보고 싶어서 글을 클릭하는 경우가 많기 때문에 신경 써서 작성하기를 바랍니다. 이 세 가지 요소는 통일성 있게 구성되어야 합니다.

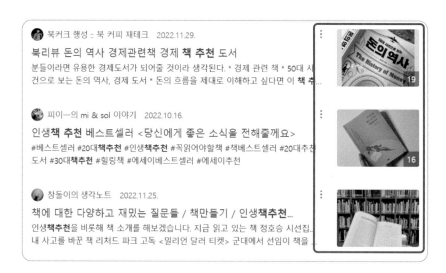

③ 나와 타인의 권리 보호

본문을 작성할 때는 나와 타인의 권리를 지켜야 합니다. 블로그의 모든 게시글은 소중하게 다뤄져야 하는 창작물입니다. 때문에 타인에게 피해를 주는 글은 유해 문서로 지정될 수 있습니다. 네이버는 유해 문서를 다음과 같이 정의하고 있습니다.

1. 음란성, 반사회성, 자살, 도박 등 법률을 통해 금지하고 있는 불법적인 내용으로 이루어져 있거나 불법적인 사이트로의 접근을 위해 작성된 문서

2. 사생활 침해 방지 또는 개인 정보 보호, 저작권 보호 등을 위해 노출이 제한되어야 하는 문서

3. 피싱(phishing)이나 악성 소프트웨어가 깔리는 등 사용자에게 피해를 줄 수 있는 문서

물론 정상적인 블로거라면 이러한 부분을 크게 신경 쓸 필요는 없습니다. 하지만 간혹 블로그 방문자 수를 늘리고자 하는 욕심으로 인해 정상적이지 않은 형태의 글을 등록하는 경우가 있는데, 이 경우 스팸을 감지하는 시스템에 의해 스팸 문서로 간주되어 해당 블로그의 모든 글이 검색 결과에서 제외될 수도 있습니다.

이와 별도로 나의 권리를 지키는 일도 중요합니다. CCL(Creative Commons License) 표시로 나의 글을 보호하는 것이 좋습니다. CCL이란, 저작자가 자신의 저작물에 대한 이용 방법 및 조건을 표기하는 표준 약관이자 저작물 이용 허락 표시입니다. 내가 쓴 글을 타인이 인용하고자 할 때 그 허락 범위나 조건을 상대방이 알 수 있도록 표시할 수 있는 편리한 방법입니다. https://ccl.cckorea.org에서 상세한 내용을 확인할 수 있습니다.

CCL은 저작자 표시, 비영리, 변경 금지, 동일 조건 변경 허락 등 총 4가지 종류를 이용하여 설정할 수 있으며 게시글 작성 시 설정 가능합니다.

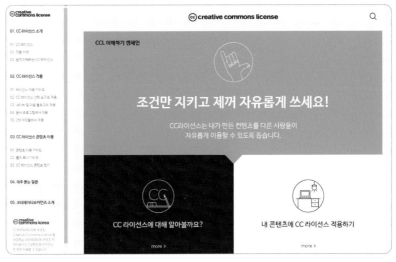

CCL 아이콘의 의미

NOTE

블로그 제작을 마친 후에 블로그 관리 페이지에서 콘텐츠 공유 설정을 할 수 있습니다. 블로그 관리자 페이지 중 [기본 설정]-[사생활 보호]-[콘텐츠 공유 설정]에서 CCL 설정 사용을 선택하면 됩니다.

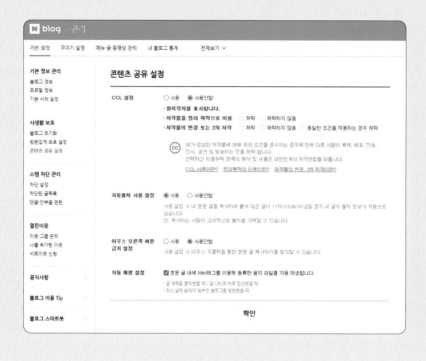

사진을 업로드할 때의 주의사항

　　잘 찍은 사진 한 장이 잘 쓴 글 수백 쪽을 대신할 수 있을 정도로 사진은 중요한 요소가 되었습니다. 다만 사진은 내가 의도하지 않고 찍었다 해도 저작권 문제 및 유해 사항 등이 있을 수 있습니다. 다음 내용은 블로그에 사진을 등록할 때 주의해야 될 내용입니다.

① 저작권법에 위배되는 이미지는 사용하면 안 된다!

　　저작권에 관련된 이야기는 모든 요소에서 강조하죠. 그만큼 중요합니다. 타인의 저작권을 침해하는 이미지를 블로그 글에 사용하면 관련 법률에 의해 처벌까지 받을 수도 있으니 항상 주의하는 것이 좋습니다.

　　반대로 이미지를 포함하여 자신의 고유한 콘텐츠가 다른 블로그를 통해 동의 없이 유통되는 경우에는 네이버의 '저작권 보호 센터'에서 해당 블로그 게시물의 게시 중단을 요청하여 권리를 보호받을 수도 있습니다. 게시 중단이 요청된 글은 관련 기준과 절차에 따라 적법한 경우 검색 결과에서 제외됩니다. 이미지 저작권에만 해당하는 내용이 아니라 모든 창작물에 적용되는 내용이므로 권리를 침해받았을 때 적극 활용하기 바랍니다.

	개인요청접수	단체(사업자 또는 법인)요청접수
요청인 본인	1. 게시중단요청서 1부 2. 신분증 사본 1부 (온라인 접수시 휴대폰이나 아이핀 인증으로 대체) 3. 저작권 증빙서류	1. 게시중단요청서 1부 2. 신분증 사본 1부 (온라인 접수 시 휴대폰이나 아이핀 인증으로 대체) 3. 사업자등록증 (또는 법인등록증) 사본 1부 4. 저작권 증빙서류
대리인	1. 게시중단요청서 1부 2. 대리인의 신분증 사본 1부 (온라인 접수 시 휴대폰이나 아이핀 인증으로 대체) 3. 요청자 신분증 사본 1부 4. 요청자 인감 또는 서명이 날인된 위임장 5. 저작권 증빙서류	1. 게시중단요청서 1부 2. 대리인의 신분증 사본 1부 (온라인 접수 시 휴대폰이나 아이핀 인증으로 대체) 3. 사업자등록증 (또는 법인등록증) 사본 1부 4. 저작권 증빙서류 5. 단체 대표의 인감 또는 서명이 날인된 위임장 1부
공통서류	1. 신분인증서류 　- 주민등록증/운전면허증/여권 中 1가지. 　- 미성년자의 경우, 주민등록등본/청소년증/여권 中 1가지 2. 저작권 증빙서류 예시 　- 자신이 그 저작물의 권리자로 표시된 저작권 등의 등록증 사본 또는 그에 상당하는 자료 　- 본인의 성명, 이명 등으로서 널리 알려진 것이 표시되어 있는 저작물 등의 사본 또는 그에 상당하는 자료 中 1가지	

게시 중단 요청 시 필요한 서류

② 유해 이미지는 절대 사용하면 안 된다!

유해 이미지란 음란 이미지, 반사회적 이미지, 도박 등 법률로 금지하고 있는 내용의 이미지를 일컫습니다. 이러한 이미지를 포함한 문서는 검색 결과에 노출되지 않습니다. 이와 관련해 한 가지 재미있는 네이버 검색 기술을 소개합니다. 네이버의 '유해 게시물 관리 시스템'에는 자동으로 이러한 유해 이미지를 찾아내는 기술이 적용되고 있습니다. 바로 'Skin Score'라는 기술인데, 사람의 신체 전체나 일부가 이미지에 포함되어 있는지 판별하고 신체에서 피부가 노출된 정도를 점수로 환산하는 기술입니다. 이렇게 추출된 유해 이미지 정보는 해당 이미지 및 문서가 검색 결과에 노출되지 않도록 하는 데 활용되며, 그 정도가 심하면 해당 블로그의 모든 게시물이 검색 결과에서 제외됩니다.

네이버 검색은 청소년 보호를 위해 다른 검색 서비스들에 비해 훨씬 강도 높은 유해 문서 판정 기준과 필터링 시스템을 적용하고 있습니다. 따라서 유해 이미지는 절대 사용하지 않는 것이 좋습니다. 본인은 유해 이미지라고 생각하지 못했지만 경우에 따라 유해 이미지로 지정될 수도 있으니 주의하길 바랍니다.

③ 대표 이미지의 경우, 너무 작으면 섬네일 노출이 안 된다!

대표 이미지로 사용할 사진은 일정한 크기 이상이어야 합니다. 이미지가 너무 작으면 섬네일이 노출되지 않습니다. 작은 이미지를 억지로 늘려서 노출하면 검색 결과의 품질이 좋지 않아 보이기 때문에 특정 사이즈 이상의 이미지만 섬네일로 사용할 수 있습니다. 네이버 검색 결과에서 섬네일로 노출될 수 있는 크기는 다음과 같습니다.

네이버 블로그 : 가로 40픽셀 이상, 세로 40픽셀 이상
그 외 외부 블로그 : 가로 150픽셀 이상, 세로 150픽셀 이상

따라서 대표 이미지의 크기가 너무 작아서 섬네일이 노출되지 않는 경우에는 이미지의 크기를 기준에 맞게 조정하면 자연히 섬네일이 노출됩니다.

또한 가로 길이와 세로 길이가 크게 차이 나는 경우에도 섬네일이 노출되지 않습니다. 검색 결과에서 해당 이미지를 식

섬네일로 사용할 대표 이미지의 최소 크기

별할 수 없기 때문에 이러한 비율의 이미지 역시 검색 결과에 섬네일로 제공되지 않습니다.

섬네일로 사용할 대표 이미지의 적정 비율 한계

④ **이미지 검색 결과에 이미지가 노출되지 않는 이유는 강도 높은 필터링 때문!**

블로그 검색 결과에서는 잘 나오는데 유독 이미지 검색 결과에서만 보이질 않아, 이미지 검색에 노출되는 기준은 무엇인지 궁금해하는 분이 많습니다. 이미지 검색은 불법·유해성 정보로 인한 이용자 피해를 최소화하기 위해 필터링의 강도를 크게 높이기 때문에, 블로그 검색 결과에서는 보여도 이미지 검색 결과에서는 안 나오는 경우가 있다고 보면 됩니다.

네이버에서 '이미지'를
검색한 결과

블로그 소개

블로그 기초

블로그 개설

블로그 디자인

블로그 글쓰기

이웃 관리와 홍보

블로그 마켓

그렇다고 이미지 검색 결과에 노출되는 모든 블로그가 꼭 좋은 블로그인 것은 아닙니다. 또한 현재 이미지 검색 결과로 제공되는 문서는 불법·유해성 정보의 생산 가능성을 기준으로 하기 때문에 상황에 따라 수시로 변경될 수 있습니다.

이미지와 관련된 블로그 소문

① 동일한 이미지를 계속 사용해 포스팅하면 안 좋다?

동일한 이미지를 여러 블로그 글에 반복하여 사용하면 좋지 않다는 말이 있습니다. '반은 맞고 반은 틀리다'고 할 수 있습니다. 블로그의 정체성이나 일관성을 표현하기 위해 서명과 비슷한 역할로 동일한 이미지를 반복 사용하는 경우는 별다른 문제가 되지 않습니다.

② 이미지는 무조건 많이 사용할수록 좋다?

필요 없는 이미지 사용은 방문자의 만족도를 떨어뜨리는 요인으로 작용하기 때문에 이러한 의도적인 이미지 사용은 검색에 좋지 않습니다. 특히 다른 출처의 이미지들을 가져와 사용하는 경우 저작권 분쟁이 발생할 수 있으며, 동일 이미지로 인해 유사 문서로 분류될 수도 있습니다.

이와는 반대로 이미지를 잘못 사용했다가 자칫 검색 결과에서 불이익을 받지 않을까 우려하여 필요한 경우에도 이미지 사용을 기피하기도 합니다. 이미지 사용 시 주의사항들만 잘 숙지하면 문제가 되지 않습니다.

③ 큰 이미지를 사용하면 좋다?

사실입니다. 예를 들어, 동일한 조건이라면 이미지 검색에서는 가로세로 320x240 픽셀의 이미지보다 1024x768 픽셀의 이미지가 더 상위에 노출됩니다. 선명하고 직관적이어서 보기 좋은 고품질의 이미지를 사용자들이 더 선호할 가능성이 높기 때문에 이러한 이미지가 사용된 블로그 역시 만족도를 높이는 요소가 될 수 있습니다.

글의 매력을 높이는
태그와 링크

태그는 처음에는 사진이나 동영상을 검색하는 목적으로 사용되었으며, 현재는 공동 관심사를 표현하는 키워드 및 카테고리 구분 용도로 사용하고 있습니다. 앞에서 설명한 대표 키워드, 세부 키워드와 마찬가지로, 운영하는 블로그의 대표 키워드를 정해 놓고 글마다 통일된 태그를 달면 원하는 분야에서 상위에 노출될 수 있습니다.

네이버검색 모바일검색 검색News 검색_신상 검색_꿀팁 웹마스터도구 통합검색 네이버검색블로그 라이브검색 네일검 검색가이드 검색등록 웹마팅 네이버 사이트검색 PC검색 검색Tip 검색블로그 네이버웹마스터도구 이미지검색 LIVE검색 검색_Diary 관심사 네이버가알려주는동영상검색 네이버검색엔진 동영상검색 딥러닝 웹검색 웹문서검색 검색 검색로봇 검색반영 국내여행 네이버가알려주는네이버검색 네이버쇼핑 네이버뮤직검색 네이버인물정보 네이버통합검색 네이버포스트소식 맞춤법 메타태그 사이트 사이트소유확인 소유확인 쇼핑검색 순우리말 웹마틀 지식인 카페검색 태그검색

네이버에서 공식적으로 운영하는 블로그인 Live 검색 님의 태그를 캡처한 화면

한편 링크에는 ① **외부 링크를 블로그 본문에 포함하는 방법**과 ② **블로그 내부의 자료를 링크로 연결하는 방법**이 있습니다. 링크를 추가하는 것은 블로그 체류 시간을 늘리는 데 도움이 되기 때문에 적절한 링크 삽입은 매우 좋은 방법입니다. 외부 링크를 포함시키는 방법은, 외부 사이트의 특정 주소를 복사한 다음, 복사한 주소를 블로그 본문에 붙여넣기하면 해당 주소가 블로그 본문에 추가됩니다.

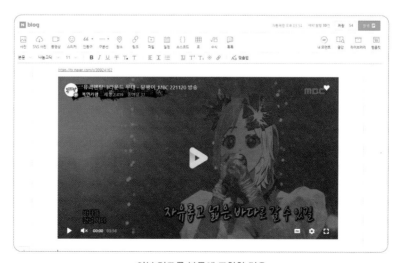

외부 링크를 본문에 포함한 경우

링크 기능을 활용하여 본문에 내가 작성했던 다른 게시글을 연결할 수도 있습니다. 연결하고 싶은 글의 상단에 [URL 복사] 메뉴가 있습니다. 해당 메뉴를 클릭하면 URL이 복사됩니다.

그다음 블로그 글쓰기 창에서 [링크] 버튼을 클릭한 후에 나오는 팝업 창에 링크 주소를 붙여넣고 [돋보기] 버튼을 클릭하면 아래와 같이 본문에 추가할 링크가 보이며, [확인] 버튼이 활성화됩니다. [확인] 버튼을 클릭하면 본문에 링크가 추가됩니다.

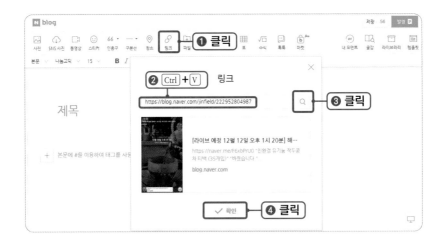

블로그 내부의 자료를 연결한 경우

관련 있는 글을 링크로 삽입하여 유입된 사용자가 더 많은 글을 볼 수 있도록 유도하는 것은 많은 정보를 한 번에 보게 해 주는 좋은 방법입니다.

블로그 소개

블로그 기초

블로그 개설

블로그 디자인

블로그 글쓰기

이웃 관리와 홍보

블로그 마켓

05 1일 1포스팅을 위하여!

블로그 강의를 하다 보면 제가 처음 블로그를 시작했을 때가 기억납니다. 저는 어떤 글이든 무조건 쓰는 것을 목표로 했습니다. 의무적으로 블로그에 접속하여 몇 줄이라도 남기거나, 써야 할 내용이 없는데 어떤 글을 써야 할지 고민하다가 좋아하는 시를 한 편 쓰기도 했습니다. 지금 생각해 보면 참 잘한 일이라는 생각이 듭니다. 그 시간을 통해 블로그에 접속하는 습관이 만들어졌기 때문입니다.

블로그에 글을 올리는 것에 익숙해지려면 어떠한 글이라도 많이 올려 봐야 합니다. 그러니 처음에는 '1일 1포스팅 100일 달성'을 목표로 글쓰기를 시작해 보길 바랍니다. 100일 동안 어떤 글을 써야 하는지로 고민이 들 것입니다. 하지만 글의 종류는 상관없습니다. 작성해 보고 싶은 주제, 내용을 손 가는 데로 작성합니다. 아무 글이나 쓰다 보면 '글쓰기 소재는 항상 내 곁에서 하루가 멀다 하고 생기는구나'라는 사실을 알게 될 것입니다. 일상의 모든 내용이 블로그 주제가 될 수 있습니다.

1. 1일 1포스팅 100일 도전을 시도한다.

2. 글쓰기 주제를 깊게 생각하기보다는 가볍게 작성하되, 1일 1포스팅 달성을 목표로 해 본다.

3. 일상을 사진으로 먼저 기록한다. 사진을 보면 그 순간을 떠올리며 글을 쓸 수 있다.

4. 솔직한 글을 쓴다. 보여 주기 힘든 글이면 비밀 글로 등록해도 된다.

5. 글의 소재를 얻기 위해 새로운 것에 도전해 본다. 예를 들어 새로운 취미에 도전하고 느낌을 기록해 본다.

블로그 글쓰기 습관을 만드는 5단계

오른쪽은 어떤 수강생의 글쓰기 100일 일지를 주제에 따라 구분한 표입니다. 100일 글쓰기를 마친 뒤 주제별 글 분포를 확인해 보니 여행, 좋은 글귀, 아이, 반려동물, 가족, 맛집, 책 리뷰, 음악, 일상, 사진 등 정말 다양한 주제로 글을 썼다는 것을 알게 되었습니다. 이 수강생은 이를 통해서 글로 쓸 수 있는 소재는 정말 많다는 사실을 몸소 깨달았습니다.

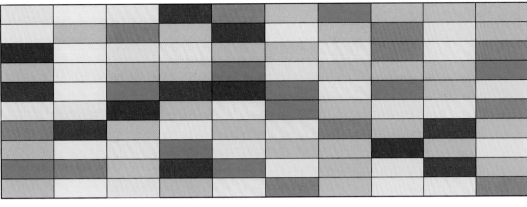

글 100편의 주제별 분포도

여행	좋은 글	아이	반려동물	가족	맛집	책 리뷰	음악	일상	사진
10일	5일	8일	11일	4일	11일	23일	8일	10일	10일

주제별 발행된 일 수

책상 앞에 아래의 100일 달력을 작성하여 붙여 놓고 한 칸 한 칸 동그라미를 치며 글을 쓰다 보면 어느새 글쓰기 습관이 형성되는 신기한 경험을 할 것입니다.

1일	2일	3일	4일	5일	6일	7일	8일	9일	10일
11일	12일	13일	14일	15일	16일	17일	18일	19일	20일
21일	22일	23일	24일	25일	26일	27일	28일	29일	30일
31일	32일	33일	34일	35일	36일	37일	38일	39일	40일
41일	42일	43일	44일	45일	46일	47일	48일	49일	50일
51일	52일	53일	54일	55일	56일	57일	58일	59일	60일
61일	62일	63일	64일	65일	66일	67일	68일	69일	70일
71일	72일	73일	74일	75일	76일	77일	78일	79일	80일
81일	82일	83일	84일	85일	86일	87일	88일	89일	90일
91일	92일	93일	94일	95일	96일	97일	98일	99일	100일

블로그 100일 달력

블로그 소개

블로그 기초

블로그 개설

블로그 디자인

블로그 글쓰기

이웃 관리와 홍보

블로그 마켓

Part 03

쉽고 빠르게 블로그 개설하여 꾸미기

드디어 블로그를 개설하는 단계입니다. 자신의 꿈 또는 블로그에 방문할 사람을 생각하며 마음을 다해서 만들기를 바랍니다. 이 책에서는 네이버 블로그를 기준으로 설명하기 때문에 네이버에 가입을 해야 합니다. 가입을 하면 자동으로 기본 블로그가 생성되며, 꾸미기 기능을 통해 기획한 블로그를 만들 수 있습니다. 몇 번의 클릭만으로 원하는 형태로 개설할 수 있으니 조금만 부지런하고 관심이 있다면 꿈을 이룰 수 있습니다.

네이버 블로그 개설하기

01 네이버 블로그를 개설하기 위해서는 네이버에 가입해야 합니다. 가입한 아이디가 있다면 블로그가 자동으로 생성되어 있습니다. 아이디가 없어서 가입을 해야 하는 경우에는 네이버 로그인 부분에 있는 [회원가입] 버튼을 클릭합니다.

02 [회원가입] 버튼을 클릭하면 나오는 이용약관 및 개인정보 수집 동의 화면에서 해당하는 항목을 선택하고 [확인]을 클릭합니다.

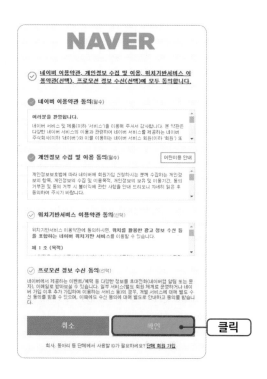

03 회원가입을 위한 아이디와 비밀번호 및 기본 정보를 입력하고 휴대폰 인증을 받은 후에 [가입하기]를 클릭하면 가입이 완료됩니다.

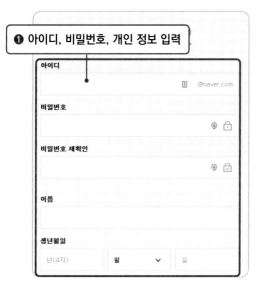

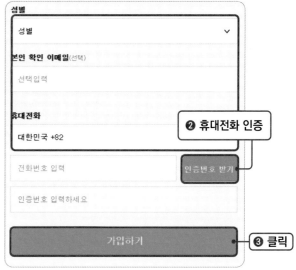

04 가입을 완료하고 네이버의 첫 화면으로 이동하면 아래와 같이 로그인이 되어 있는 것을 볼 수 있습니다.

05 블로그를 시작하기 위한 준비는 완료되었습니다. 네이버는 가입만 하면 블로그가 자동으로 생성됩니다. 개설된 블로그로 이동하기 위해 네이버 첫 화면에서 [블로그]를 클릭합니다.

06 네이버에 등록된 블로그를 테마별로 볼 수 있는 화면이 나옵니다. 화면의 오른쪽에 있는 [내 블로그] 메뉴를 클릭하면 생성된 블로그를 볼 수 있습니다.

07 가입하고 처음 생성된 블로그 화면입니다. 블로그 주소는 'http://blog.naver.com/가입한 ID'입니다.

NOTE

한 명이 네이버에 가입할 수 있는 아이디는 최대 3개입니다. 필요에 따라 다른 아이디로 회원가입하여 사용할 수 있습니다. 다만 가입한 뒤에 아이디를 변경할 수는 없고 아이디를 변경해야 할 경우 탈퇴한 후에 다시 가입해야 합니다.

공식 블로그 제도

네이버는 공식 블로그 제도를 운영하고 있습니다. 공식 블로그 제도는 네이버가 공식적으로 보증하는 신뢰할 수 있는 콘텐츠를 제공하고 있는 블로그로, 초록 엠블럼을 달아 줍니다. 블로그에서 정보를 찾는 사용자 입장에서는 공식 블로그에 해당하는 초록 엠블럼이 달려 있으면 신뢰하고 클릭할 확률이 높습니다. 기관, 기업, 단체 등 각 분야에서 직접 운영하는 블로그가 있다면 네이버에 신청을 해 봐도 좋습니다.

1 [공식블로그 신청하기] 메뉴를 클릭하면 고객센터로 이동하는데 블로그 정보를 입력하고 신청하면 승인 절차를 거쳐서 공식 블로그 등록이 됩니다.

2 신청하려고 하는 아이디로 로그인한 후에 이메일과 블로그 주소를 입력하고 신청하려고 하는 분야를 선택합니다.

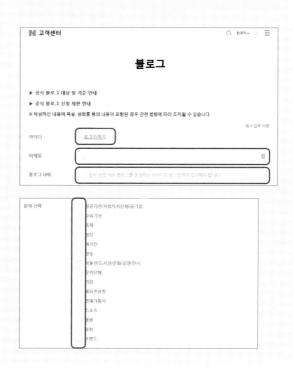

3 블로그를 운영하는 기관/단체 명칭과 홈페이지 주소를 입력한 후에 신청자 정보를 입력합니다.

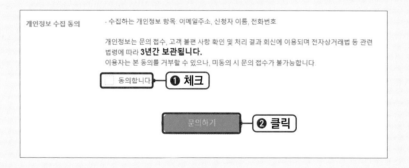

4 정보를 모두 입력했다면 개인정보 수집 동의에 체크한 후에 [문의하기]를 클릭하면 문의 내용이 등록됩니다. 내용이 등록된 후에 심사과정을 거치는데, 2일~2주 정도 소요됩니다.

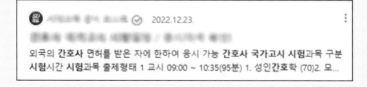

승인이 완료되면 아래 예시와 같이 초록 엠블럼이 달립니다. 해당 분야의 공식 블로그로 인증이
되었기 때문에 콘텐츠에 대한 신뢰도가 올라가고 다른 글들에 비해 클릭할 확률이 높아집니다.

외국의 **간호사** 면허를 받은 자에 한하여 응시 가능 **간호사 국가고시 시험과목 구분**
시험시간 시험과목 출제형태 1 교시 09:00 ~ 10:35(95분) 1. 성인**간호학** (70)2. 모...

NOTE

공식 블로그 신청 제한

❶ 부여 대상에 해당하지 않는 개인 및 개인 사업자, 특정 업체의 개인 영업인

❷ 부여 대상에 해당하지 않는 종교 및 정치 관련 단체

❸ 성인 인증이 필요한 성인 관련 업체

❹ 개인의 신상 정보, 커뮤니티 성격의 업체

❺ 게임 머니 거래와 같이 현금 거래가 이뤄지는 업체

❻ 기자단, 서포터즈, 팬 관련 블로그

❼ 전자 공시에 등록된 상장 주식회사 또는 외감 기업에 해당하지 않는 아래 업종의 법인 사업자
-복권 판매업 / 대출, 대부, 대부중개업 / 흥신소, 탐정, 심부름센터 / 불법 감청설비 탐지업 / 파일 공유업 /
건강, 건강식품 판매업, 건강식품 중개업 / 의약품, 의료기기 판매업, 의약제조·연구업 / 한약판매업 / 중고 자동차 매
매, 중개 및 알선업 / 다단계 판매, 방문 판매업 / 해외 이사업, 해외 이주 알선업, 유학 알선업 / 폐차업 / 결혼 중개업 /
구인구직업, 고용 알선업 / 금융기관 연계 대출업 / 침술업 / 총포, 도검, 석궁, 화약류, 분사기, 전기 충격기 판매업 /
폐기물 수집 운반 처리업 / 외국인 환자 유치업 / 블록체인 관련 업체

❽ 이미 해당 기업/기관/단체/브랜드 등 동일한 대상에 공식 블로그가 부여된 경우(전시, 공연 등 다른 업체에서 진
행하는 동일한 명칭의 전시, 공연은 제외)

❾ 브랜드 중 인물인 경우

❿ 비윤리적이거나 불법적인 내용의 광고를 게재한 경우

⓫ 블로그 운영 원칙에 위배되는 경우

⓬ 사회적으로 논란이 되는 등 공식 블로그로 부여하기에 적절치 않은 사유가 있다고 판단되는 경우

블로그 기본 정보 입력하기

블로그를 개설하면 처음에는 블로그 운영자의 기본 정보를 입력해야 합니다. 블로그의 이름, 닉네임, 소개글은 블로그 운영자의 기본 마음을 전달할 수 있는 내용이기 때문에 운영하려고 하는 블로그의 특징에 맞게 적어야 합니다. 앞에서 기획서를 꼼꼼히 작성했다면 기획서 내용에 맞게 작성해 나가면 됩니다.

일단 블로그 기본 화면 구성을 살펴보겠습니다.

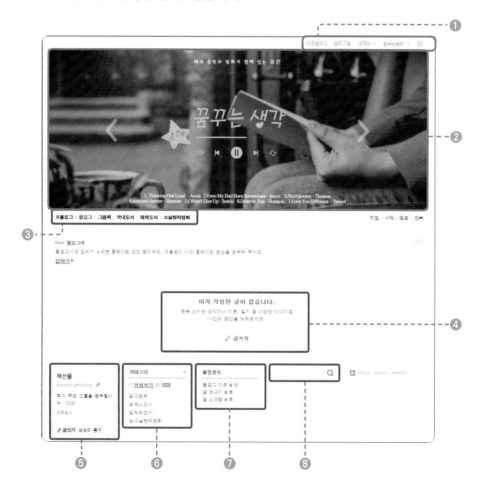

❶ 네이버 메뉴 : 네이버 메뉴에는 이웃 블로그 및 네이버 블로그 홈으로 이동하는 메뉴가 있습니다. 내 메뉴를 통해 블로그 글쓰기 및 접속 통계 메뉴로 이동할 수도 있습니다.

❷ 타이틀 : 블로그 타이틀 이미지가 노출되는 곳이며 네이버에서 제공하는 기본 이미지로 설정하거나 사용자가 제작한 이미지를 등록할 수 있습니다.

❸ 블로그 메뉴 : 블로그 첫 화면에서 프롤로그와 블로그 메뉴를 구분하여 설정할 수 있으며 카테고리에서 등록한 메뉴 중에 강조하고 싶은 메뉴를 추가할 수 있습니다.

❹ 글쓰기 메뉴 : 블로그를 처음 개설하면 화면과 같이 글쓰기 버튼이 있습니다. 처음에만 나오는 메뉴이며 글이 등록되면 해당 메뉴는 사라집니다.

❺ 프로필 : 프로필에는 블로그 운영자가 설정한 이미지, 닉네임, 블로그 소개글이 나타납니다.

❻ 카테고리 : 블로그에 글을 쓰기 위해 사용자가 등록한 메뉴가 나오는 영역입니다.

❼ 활동 정보 : 블로그를 운영하며 활동한 내용이 나옵니다. 블로그 이웃, 글 보내기, 글 스크랩 등 활동한 내용을 숫자로 볼 수 있습니다.

❽ 검색 : 검색어를 입력하고 검색하면 블로그 내에 있는 글 중에서 해당 검색어가 들어간 내용을 찾아줍니다.

---

01 블로그 기본 정보를 등록하기 위해 블로그의 처음 화면에서 [관리] 버튼을 클릭합니다.

02 블로그 관리 홈 화면에서 [기본정보 관리]-[블로그 정보] 메뉴를 클릭합니다.

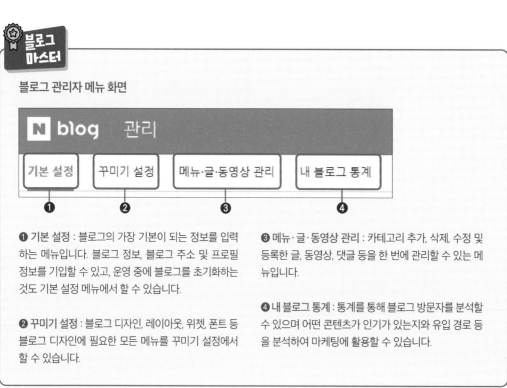

블로그 관리자 메뉴 화면

❶ 기본 설정 : 블로그의 가장 기본이 되는 정보를 입력하는 메뉴입니다. 블로그 정보, 블로그 주소 및 프로필 정보를 기입할 수 있고, 운영 중에 블로그를 초기화하는 것도 기본 설정 메뉴에서 할 수 있습니다.

❷ 꾸미기 설정 : 블로그 디자인, 레이아웃, 위젯, 폰트 등 블로그 디자인에 필요한 모든 메뉴를 꾸미기 설정에서 할 수 있습니다.

❸ 메뉴·글·동영상 관리 : 카테고리 추가, 삭제, 수정 및 등록한 글, 동영상, 댓글 등을 한 번에 관리할 수 있는 메뉴입니다.

❹ 내 블로그 통계 : 통계를 통해 블로그 방문자를 분석할 수 있으며 어떤 콘텐츠가 인기가 있는지와 유입 경로 등을 분석하여 마케팅에 활용할 수 있습니다.

03 기획서에 작성한 내용을 기반으로 제목, 별명, 소개글, 내 블로그 주제에 사용자의 정보를 입력합니다.

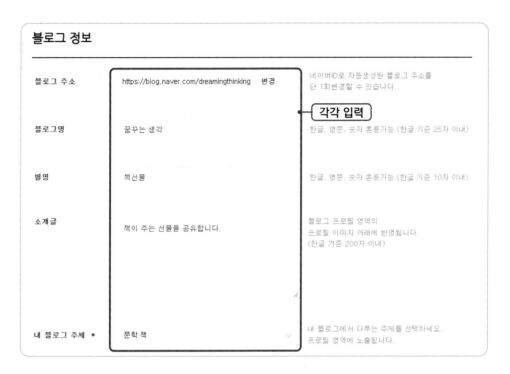

04 프로필 사진을 등록하기 위해 프로필 사진의 [등록] 버튼을 클릭하여 이미지를 찾아옵니다.

05 블로그 프로필 사진이 변경된 것을 확인하고 모바일앱 커버 사진도 같은 방법으로 변경합니다.

자신이 사용하고자 하는 이미지를 등록합니다.

06 블로그 정보 페이지 하단에 있는 [확인]을 클릭하여 기본 정보 등록을 완료합니다.

확인 ─ 클릭

07 블로그 홈 화면에 설정 내용이 적용된 것을 확인합니다.

08 등록된 프로필의 기본 레이아웃은 약간 허전해 보일 수 있습니다. 방문하는 사람들에게 눈에 띄도록 만들기 위해서는 세부 디자인 설정 기능에서 프로필 꾸미기 기능을 이용합니다. 블로그 관리 페이지에서 [꾸미기 설정] 항목의 [세부 디자인 설정] 메뉴를 클릭합니다.

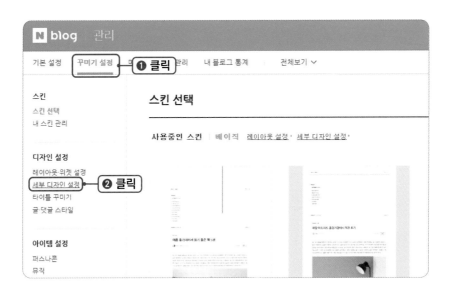

09 리모콘이 나옵니다. 리모콘 중에 [프로필] 항목을 클릭하면 프로필에 관한 여러 가지 사항을 설정할 수 있습니다. 조금 전에 등록했던 프로필 사진을 표시하지 않고 싶다면 ❶'프로필 이미지 표시' 항목의 체크 표시를 없애면 됩니다.

프로필을 다양하게 디자인할 수 있는 ❷[스타일] 메뉴에서는 프로필의 배경 및 라운드 처리를 어떻게 할 것인가를 선택할 수 있습니다. ❸[컬러] 메뉴에서는 프로필이 나오는 배경의 색을 정할 수 있습니다. 만약 배경을 운영자가 만든 화면으로 올리고 싶을 경우 ❹[직접등록] 메뉴에서 원하는 이미지를 배경으로 등록할 수 있습니다. 맨 아래 항목에 있는 ❺[내용색]을 통해서는 프로필 글자색을 변경할 수 있습니다.

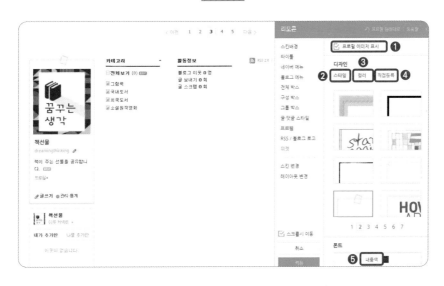

10 프로필 디자인을 원하는 대로 변경하고 변경된 것을 확인합니다.

NOTE

자주 묻는 질문 *블로그 ID 관련*

Q1. 블로그 ID는 변경이 가능한가요? 변경이 가능하다면 네이버 검색 랭킹이 초기화되나요?

A. 블로그 ID는 1회 변경이 가능합니다. 변경하고 나면 이전 주소로 외부에 공유된 글은 3개월간 새로운 주소로 연결을 지원합니다. 그 이후에는 끊길 수 있습니다. 바로 이 부분에서 기존 방문자가 타고 들어오던 링크가 변경되어 접속이 안 되는 일이 발생할 수 있습니다. 예를 들어 자주 활동하는 카페에 나의 글 링크를 올려놓았다면 해당 링크를 클릭했을 때 자동 연결이 안 되어 접속이 되지 않는 일이 일어날 수 있습니다. 저는 이 경우 외에는 네이버에서 검색 랭킹이 변경될 일은 없다고 생각합니다. 블로그에서 제공하는 정보는 같고, 주소만 변경되는 것이어서 검색 결과는 같게 나오기 때문입니다.

Q2. 블로그 ID를 변경할 수 있는 기한이 있나요?

A. 블로그 블로그 ID 변경 기한은 정해져 있지 않습니다. 한 번 변경한 후에는 재변경이 불가능하기 때문에 신중하게 변경해야 합니다.

Q3. 블로그 ID를 변경하면 블로그 내 네이버 ID는 모두 변경되나요?

A. 블로그 ID를 변경하면 내 블로그 URL뿐만 아니라 블로그 홈 프로필 내 ID 영역도 변경됩니다. 다만 본문 내 텍스트로 입력된 URL은 자동으로 변경되지 않습니다.

Q4. 탈퇴한 ID를 블로그 ID로 사용할 수 있나요?

A. 사용자 혼란을 최소화하기 위하여 누군가 네이버 ID 및 블로그 ID로 사용한 이력이 있는 문자열은 사용할 수 없습니다. 오직 본인의 네이버 ID만 본인의 블로그 ID로 사용할 수 있습니다. ID 생성 규칙은 네이버 회원 계정과 동일하게 5~20자의 영문 소문자, 숫자와 특수기호(_, -)만 사용 가능합니다.

03 글로 채워 나갈 카테고리 등록하기

이번에는 운영하려고 하는 목적에 맞게 카테고리를 등록해 봅니다. 카테고리 형식은 블로그형과 앨범형 중에서 선택할 수 있습니다. 일반적으로 사용하는 것은 블로그형으로, 사진과 글 등 다양한 콘텐츠를 나열하듯이 사용할 수 있습니다. 사진 위주로 구성하려고 한다면 앨범형을 선택하면 됩니다.

01 카테고리를 등록하기 위해 블로그 관리자 페이지에 접속합니다. [메뉴·글·동영상 관리] 항목에서 [블로그] 메뉴를 클릭합니다.

02 블로그 관리 페이지의 카테고리 관리 설정 항목에서 [카테고리 추가]를 클릭하여 카테고리를 추가합니다.

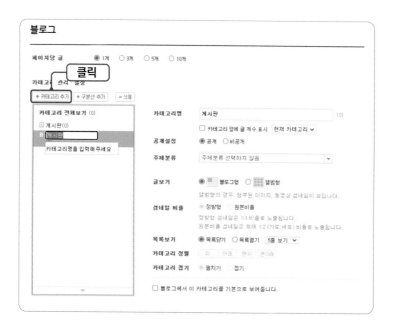

03 카테고리명에 '카테고리 이름'을 입력하고 글 보기 항목에서 '블로그형'을 선택하고 [확인]을 클릭하여 등록합니다.

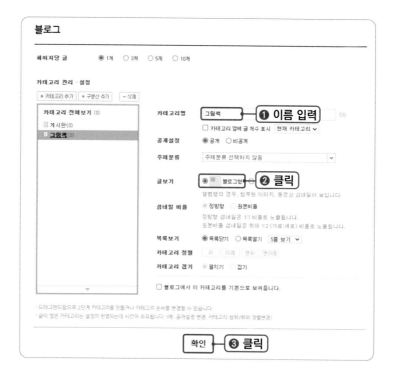

04 같은 방법으로 국내도서 카테고리를 생성합니다. 글 보기 형식은 앨범형으로 설정합니다.

05 해외도서 카테고리도 하나 더 생성합니다. 앨범형으로 설정합니다.

06 카테고리 삭제를 원할 경우 삭제하려고 하는 게시판을 선택하고 [삭제]를 클릭하면 뜨는 팝업 창에서 [삭제]를 클릭합니다. 여기서는 게시판 카테고리를 삭제했습니다.

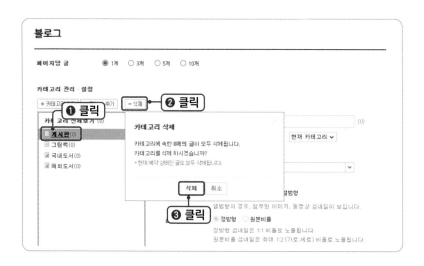

07 카테고리 편집이 완료되면 하단에 있는 [확인]을 클릭하여 카테고리 등록을 완료합니다.

08 카테고리가 등록된 모습을 확인합니다.

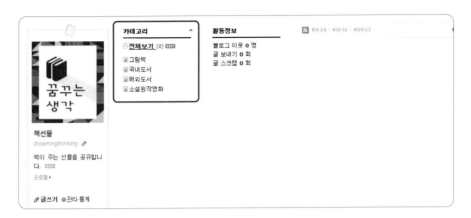

이전에 만든 카테고리 중에서 일시적으로 사용하지 않는 카테고리가 생긴 경우에는 비공개로 설정할 수 있습니다. 현재 필요 없는 카테고리라고 해서 바로 지우기보다는 비공개를 사용하여 때에 따라서 공개/비공개로 전환하기를 권합니다. 비공개로 설정하면 카테고리 내에 있는 모든 글이 비공개로 처리되어 다시 공개로 설정할 수 있지만, 만약 삭제를 하면 카테고리와 카테고리에 있는 모든 글이 삭제되어 복구할 수 없습니다. 글을 유지하고 카테고리만 삭제하고 싶을 때는 카테고리 내의 글을 다른 카테고리로 이동한 후에 해당 카테고리를 지우면 글은 유지되고 카테고리만 삭제됩니다.

1 카테고리 비공개 설정을 하기 위해 블로그 관리 페이지에 접속한 후에 [블로그] 메뉴를 클릭합니다.

2 블로그 메뉴를 클릭하면 카테고리 관리 설정 항목이 나옵니다. 일시적으로 보여 주고 싶지 않은 카테고리를 선택하고 공개 설정에 있는 '비공개' 항목을 선택합니다.

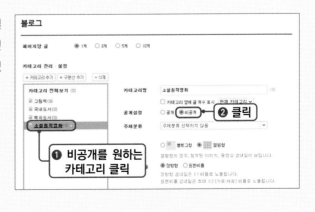

3 비공개로 전환 시, 이벤트 메뉴를 살펴보면 메뉴 옆에 자물쇠 표시가 된 것을 볼 수 있습니다. 자물쇠 표시가 되었다는 것은 블로그에서 관리자 외에는 해당 메뉴를 볼 수 없다는 뜻입니다. 비공개로 설정했던 메뉴를 다시 보여 주고 싶을 때는 '공개' 항목을 선택하면 메뉴가 다시 보이고 자물쇠 표시가 사라집니다.

4 블로그 설정 화면의 하단에 있는 [확인]을 클릭하면 메뉴 비공개 설정이 완료됩니다.

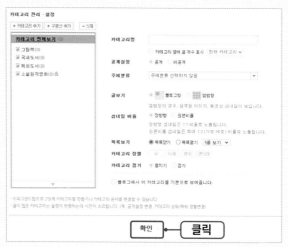

 NOTE

카테고리는 직관적으로 알 수 있는 이름으로 정하는 것이 좋습니다. 방문자들은 찾는 것이 바로 보이지 않으면 오래 머물지 않기 때문에 찾기 쉽도록 구성하는 것이 핵심입니다.

블로그 스킨 및 세부 디자인 설정하기

네이버 블로그에서 기본적으로 제공하는 스킨을 활용하여 블로그의 디자인을 편하게 변경할 수 있습니다. 전체적인 디자인 설정은 스킨 기능을 활용하고 세부 디자인 설정 기능으로 요소별로 원하는 형태로 변경합니다.

01 블로그 스킨을 변경하기 위해 블로그 관리 화면에서 [꾸미기 설정]-[스킨 선택] 메뉴를 클릭합니다.

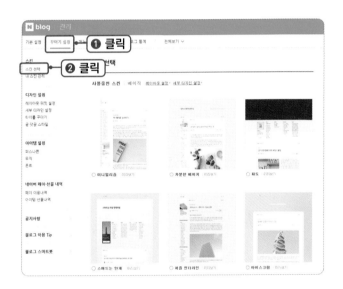

02 네이버에서 제공하는 다양한 스킨 중에 원하는 스킨을 선택하고 [스킨 적용]을 클릭합니다.

03 선택한 스킨이 적용된 것을 볼 수 있습니다. 같은 방법으로 스킨을 변경하며 마음에 드는 스킨으로 설정합니다.

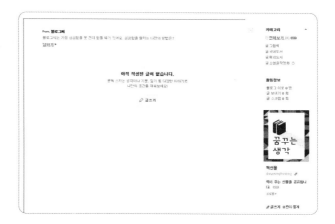

04 스킨을 선택한 후에 세부 디자인을 설정합니다. [꾸미기 설정]-[세부 디자인 설정]을 클릭합니다.

05 세부 설정을 할 수 있는 리모콘이 나타납니다. 리모콘 항목별로 클릭하여 블로그에 어울리게 디자인을 합니다.

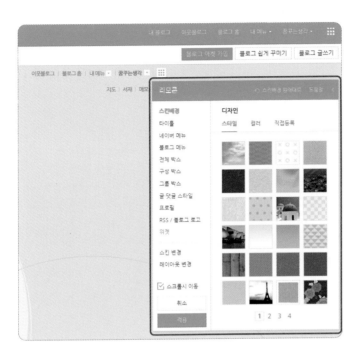

❶ 스킨배경 : 블로그의 스킨 배경을 꾸밀 때 사용하는 메뉴입니다. 블로그 배경 디자인을 스타일, 컬러, 직접등록의 3가지 방법으로 꾸밀 수 있습니다.

❷ 타이틀 : 블로그 주제를 나타내는 타이틀을 꾸밀 때 사용하는 메뉴입니다. 블로그 제목 표시 여부를 설정할 수 있고, 폰트와 크기, 색상과 제목이 차지하는 영역의 높이를 설정할 수 있습니다.

❸ 네이버 메뉴 : 화면 최상단에 있는 내 블로그, 이웃 블로그, 블로그 홈, 내 메뉴, 로그인 등의 컬러 및 스타일을 변경하는 메뉴입니다.

❹ 블로그 메뉴 : 프롤로그, 블로그, 메모장 등 메뉴 영역 컬러 및 스타일을 변경하는 메뉴입니다.

블로그 소개

블로그 기초

블로그 개설

블로그 디자인

블로그 글쓰기

이웃 관리와 홍보

블로그 마켓

❺ 전체 박스 : 타이틀을 제외한 블로그 프레임 전 영역의 스타일을 변경하는 메뉴입니다.

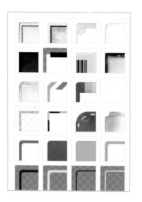

❻ 구성 박스 : 카테고리, 최근 댓글 등 기본 위젯 영역 스타일을 변경하는 메뉴입니다.

❼ 그룹 박스 : 글 영역을 제외한 위젯 영역의 프레임 디자인을 꾸밀 수 있는 메뉴입니다.

❽ 글·댓글 스타일 : 글 제목 크기, 제목 색, 내용 색, 댓글 색 등을 변경할 수 있는 메뉴입니다.

❾ 프로필 : 기본 디자인, 컬러, 직접등록으로 블로그 프로필을 꾸밀 수 있는 메뉴입니다.

❿ RSS/블로그 로고 : 블로그 RSS 및 네이버 블로그 로고 스타일을 선택하는 메뉴입니다.

⓫ 위젯 : 위젯을 관리하는 메뉴입니다. 위젯 항목에서 선택한 위젯의 색상 및 배경 디자인 등을 설정할 수 있습니다.

목적에 맞는 레이아웃 및 위젯 설정하기

레이아웃은 전체 구조를 말합니다. 네이버에서 기본적으로 제공하는 것은 1단, 2단, 3단으로 된 레이아웃이며 이 중에서 사용자가 원하는 구조를 선택하여 위젯 및 메뉴 등을 구성할 수 있습니다. 예를 들어 블로그를 상거래 목적으로 운영하는 경우 전자상거래 등에서의 소비자보호에 관한 법률에 따라 블로그 홈에 사업자 정보 기재가 필수적입니다. 이런 경우에는 위젯 항목에서 사업자 정보 위젯을 선택하여 정보를 입력할 수 있습니다.

01 레이아웃을 수정하기 위해 [꾸미기 설정]-[레이아웃·위젯 설정] 메뉴를 클릭합니다.

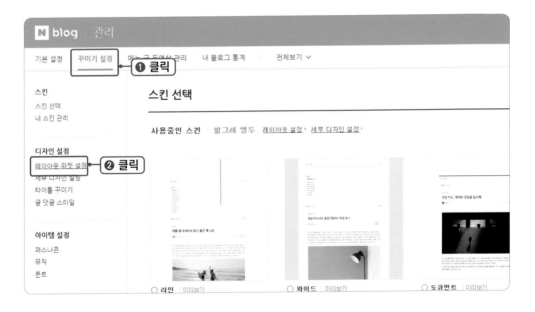

02 레이아웃·위젯 설정 화면이 나옵니다. 선택된 레이아웃에 따라 블로그의 메뉴 위치가 변경되는 것을 확인하며 최종으로 원하는 레이아웃을 선택합니다. 메뉴가 왼쪽에 있고 글 영역이 오른쪽에 있는 유형을 선택한 경우 아래와 같이 나옵니다.

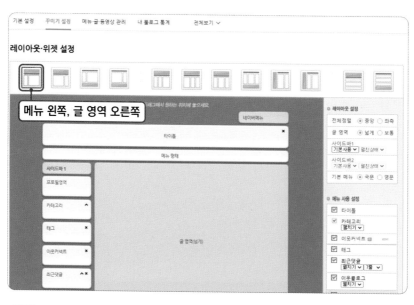

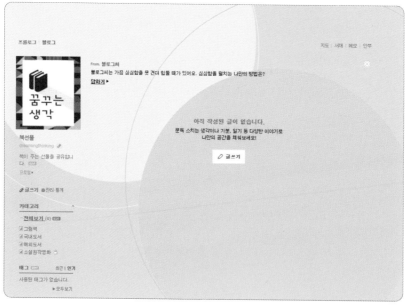

메뉴가 오른쪽에 있고 글 영역이 왼쪽에 있는 경우는 아래와 같이 나옵니다.

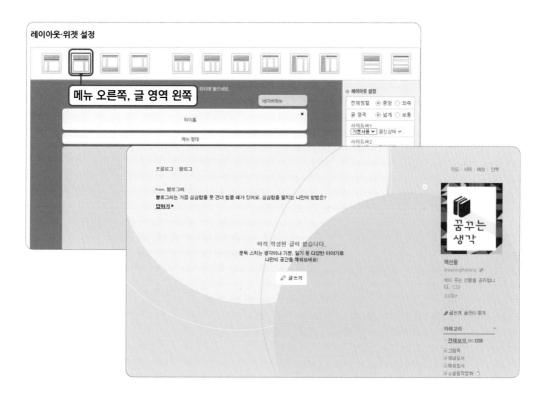

03 레이아웃을 선택했으면 오른쪽에서 블로그에 표시할 위젯을 선택하고 블로그에 나오는 것을 확인합니다. 이웃커넥트, 태그, 시계, 명언 등의 위젯을 선택하면 아래와 같이 설치됩니다.

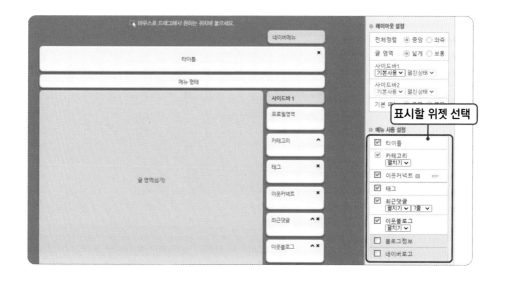

블로그를 전자상거래용으로 사용할 경우에는 사업자정보 위젯을 필수로 설치하고 사업자 정보를 입력한 후에 블로그 메인 화면에 표시해야 합니다.

판매자정보가 등록된 블로그 화면

여기까지 왔다면 블로그 가입, 기본 정보 설정, 카테고리 등록, 스킨 및 세부 디자인 설정, 레이아웃과 위젯 설정 등 블로그에서 할 수 있는 기본 작업을 완료한 상태입니다. 지금까지의 내용을 반복하며 가장 마음에 드는 유형으로 기본 설정을 합니다. 운영하는 과정에서 다시 변경할 수 있으니 편하게 해 보고, 다음 파트의 블로그 디자인을 통해서 더 예쁘게 꾸밉니다.

메뉴를 오른쪽에 놓고 배경색을 흰색으로 설정한 유형

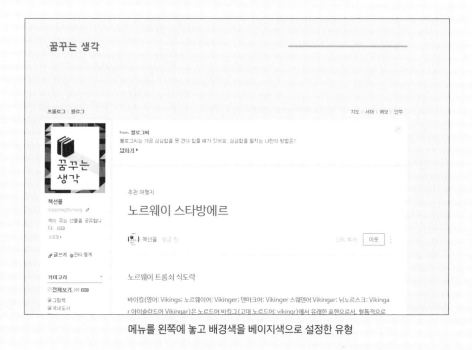

메뉴를 왼쪽에 놓고 배경색을 베이지색으로 설정한 유형

Part 04

유입을 유도하는 블로그 디자인

블로그 운영 시에는 블로그 상단, 프로필 이미지, 대표 이미지, 섬네일 등 디자인을 직접 해야 하는 경우가 많습니다. 요새는 디자인 스킬을 잘 몰라도 기본적으로 디자인된 패키지를 제공하는 사이트가 많습니다. 활용하기 좋은 디자인 사이트에는 어떤 것이 있는지 살펴보고 실제 디자인에 적용해 보겠습니다.

01 사람들의 눈이 머무르는 곳, 메인 상단과 대표 이미찌

블로그 운영 시 제일 먼저 디자인할 요소는 블로그 메인 상단입니다. 특히 기업용 블로그는 자사 제품을 홍보하기 위해 블로그를 운영하는 경우가 대부분이기 때문에 제품과 연관 지어 상단을 디자인하는 것이 필수입니다. 아래 블로그는 지온메디텍의 듀얼소닉 제품을 홍보하는 블로그입니다. 상단 타이틀 디자인과 자사 홈페이지로 유도하기 위한 버튼, 제품 판매 및 공지와 이벤트를 볼 수 있는 버튼을 홈 화면에 추가하여 블로그를 운영하고 있습니다.

듀얼소닉 블로그 메인 타이틀 디자인

상단 타이틀이 블로그 홈 화면에서 가장 중요한 디자인 요소라면, 블로그 글 각각에서는 대표 이미지가 중요합니다. 대표 이미지는 이 글에 해당하는 핵심 내용이 무엇인지를 한 장으로 압축한 이미지입니다. 클릭을 유도하기 위해서는 대표 이미지 디자인을 잘 기획하고 디자인해야 합니다. 블로그 타이틀 디자인의 느낌을 이어 갈 수 있는 이미지를 추천하며, 오른쪽 예시와 같이 각 글의 대표 이미지가 한 창에 같이 나타나기 때문에 다른 대표 이미지와 같이 봤을 때도 통일성이 있도록 구성하는 것을 권장합니다.

통일성이 있는 대표 이미지

 NOTE

자주 묻는 질문 **블로그 상단 디자인 버튼**

Q. 블로그 상단에 있는 특정 버튼을 클릭하면 홈페이지. 유튜브. 쇼핑몰 등으로 이동하던데 어떤 기능을 이용한 건가요?

A. 네이버 블로그 디자인에서 제공하는 기능 중에 위젯 기능이 있습니다. 위젯 기능은 별도의 소스 코드를 입력하여 링크한 주소로 이동할 수 있게 해 주는 기능입니다. 최대 20개까지 등록이 가능합니다.

 공식 홈페이지   듀얼소닉 스토리   공지 + 이벤트   제품구매   렌탈문의

위젯 버튼1   위젯 버튼2   위젯 버튼3   위젯 버튼4   위젯 버튼5

위젯 버튼 설정은 블로그 관리자 페이지의 [레이아웃·위젯 설정] 화면에서 [위젯 직접 등록]을 클릭하여 설정할 수 있습니다.

미리캔버스로 타이틀 디자인 만들기

블로그 디자인을 할 때 자주 사용하는 사이트로는 전제적인 디자인에 도움이 되는 미리캔버스와 배경을 투명하게 만들 때 사용하는 리무브BG, 움짤 이미지를 만들 때 사용하는 ezgif가 있습니다.

사이트	내용	사이트 주소
미리캔버스	블로그 상단, 섬네일, 블로그 내용 디자인에 사용	https://www.miricanvas.com
리무브BG	배경을 투명하게 만들 때 사용	https://www.remove.bg/ko
ezgif	gif 이미지를 제작할 때 사용. 특정 부분의 동영상을 gif로 변환	https://ezgif.com

블로그 운영 시 자주 사용하는 프로그램

이 중에서 우리는 미리캔버스를 이용해 블로그 타이틀을 디자인해 보겠습니다. 미리캔버스는 다양한 템플릿을 제공하고 있습니다. 템플릿이란 여러 유형으로 디자인이 미리 되어 있는 파일을 의미합니다. 이런 템플릿은 약간만 내용을 수정하여 사용하면 퀄리티가 보장되기 때문에 초보자도 얼마든지 사용할 수 있습니다. 유료화가 진행되고 있지만 무료로 사용할 수 있는 템플릿도 많으니, 처음에 무료로 이용하다가 유료 결제로 이용해 보길 바랍니다.

템플릿 종류는 크게 모션 템플릿, 직장인을 위한 템플릿, 포트폴리오 템플릿, 지원서/자기소개서 템플릿, 상세페이지 템플릿, 카드뉴스 템플릿, 유튜브/팟빵 섬네일, 웹 포스터 템플릿 등으로 나뉩니다. 타입별로 다양한 템플릿을 제공하고 있습니다.

① 모션 템플릿

② 상세페이지 템플릿

③ 카드뉴스 템플릿

④ 유튜브 / 팟빵 섬네일

⑤ 웹 포스터 템플릿

사용하고 싶은 템플릿을 선택하면 템플릿에 대한 기본 설명을 볼 수 있습니다. 해당 템플릿 링크를 공유할 수도 있고 바로 편집을 시작할 수도 있습니다. 하나하나 템플릿을 선택하여 살펴보고, 자신의 블로그에 어울릴 템플릿은 무엇일지를 고민해 봅니다. 다음부터는 회원가입부터 시작하여 실제 블로그 타이틀 디자인을 만들어 저장하겠습니다.

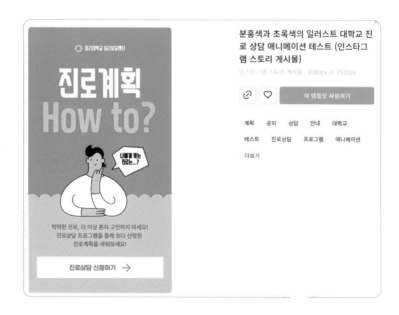

01 https://www.miricanvas.com에 접속한 후에 오른쪽 상단에 있는 [5초 회원가입]을 클릭합니다.

02 네이버 계정뿐 아니라 SNS 계정으로도 가입할 수 있습니다. 원하는 가입 절차를 클릭하여 가입합니다. 미리캔버스 이용약관 서비스에 대해 동의해야 가입이 완료됩니다.

03 가입이 완료된 후에 미리캔버스 프로그램이 실행됩니다. 미리캔버스 메뉴 구성을 살펴보겠습니다.

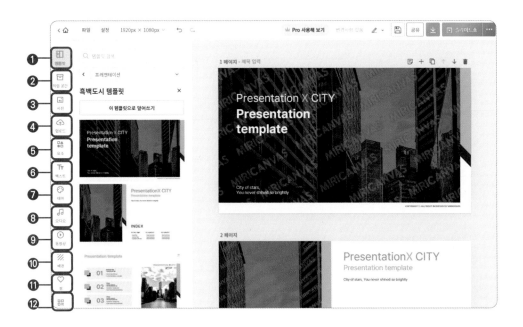

❶ 템플릿 : 미리캔버스에서 제공하는 모든 템플릿을 볼 수 있는 메뉴입니다. 템플릿을 검색할 수도 있고 목록 단추를 클릭하여 테마별 템플릿을 선택할 수도 있습니다. 예를 들어 카드뉴스를 선택하면 카드뉴스 관련 템플릿이 나타납니다. 원하는 템플릿을 클릭하면 작업 영역에 템플릿 디자인이 적용됩니다.

❷ 작업 공간 : 작업 공간은 로그인을 해야 보이는 메뉴입니다. 작업 공간에는 내 디자인과 내 드라이브가 있는데 내 디자인에는 미리캔버스에서 작업한 디자인 파일이 저장되어 있고, 내 드라이브에는 내가 미리캔버스로 불러온 이미지 파일이 저장되어 있습니다.

❸ 사진 : 검색어로 원하는 사진을 검색하여 사용할 수 있으며, 저작권 문제가 없는 사진을 찾아줍니다. 테마별로 모아놓은 사진을 클릭하여 바로 사용할 수도 있습니다. 바다를 검색한 경우 오른쪽과 같이 바다 이미지가 검색됩니다.

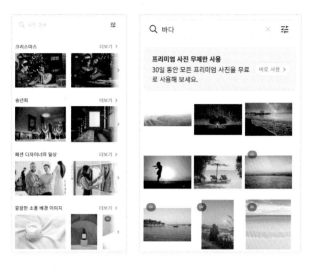

❹ 업로드 : 컴퓨터에 있는 이미지, 동영상, 음악 파일을 불러와서 편집할 때 사용하는 메뉴입니다. [업로드] 메뉴를 통해 업로드된 파일은 작업 공간의 내 드라이브에 저장됩니다.

블로그 소개

블로그 기초

블로그 개설

블로그 디자인

블로그 글쓰기

이웃 관리와 홍보

블로그 마켓

❺ 요소 : 검색을 통해 일러스트 이미지 및 아이콘, 도형, 표 등 작업에 필요한 다양한 클립아트를 검색하여 추가할 수 있습니다. 항목에서 농부를 검색한 경우 농부 캐릭터가 검색됩니다.

❻ 텍스트 : 다양한 스타일로 글씨를 추가할 수 있습니다. 스타일, 폰트, 특수문자로 구분되어 있으며 해당 탭을 클릭하여 원하는 유형을 추가할 수 있습니다.

❼ 테마 : 현재 디자인하고 있는 파일의 색감과 톤을
조정합니다. [셔플] 버튼을 클릭하면 색상을 임의로
만들어 줍니다. 색상 조합을 별도로 변경하고자 하는
경우 변경할 색상을 선택하면 색상을 변경할 수 있는
색상 팔레트가 나옵니다.

❽ 음악 : 음악을 추가할 수 있습니다. 미리캔버스 내에서 실행할 때는 슬라이드 쇼로 봐야 재생이 되며, 저장한
다면 동영상 파일로 저장해야 음악 파일이 추가됩니다. 선택한 오디오는 오디오 편집 화면을 통해 구간 편집을
할 수 있습니다.

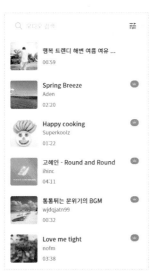

❾ 동영상 : 디자인에 동영상을 추가할 때 사용합니다. 예를 들어 검색 창에 불꽃을 입력하고 검색하면 아래와 같이 불꽃 관련 영상이 검색됩니다. 원하는 영상을 클릭하면 디자인에 적용됩니다.

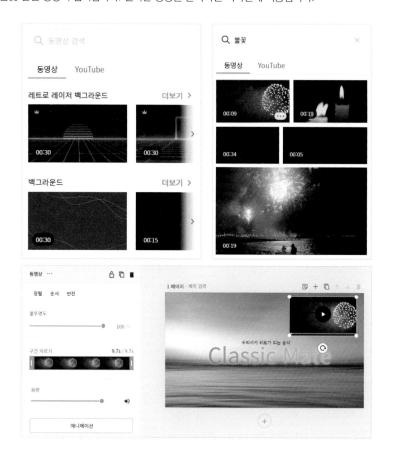

❿ 배경 : 디자인의 배경을 변경할 때 사용합니다. 사진과 패턴을 선택하여 변경할 수 있습니다.

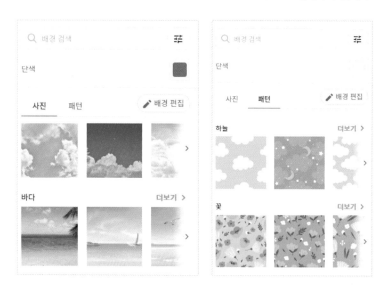

⓫ 찜 : 디자인 파일 중에 찜한 파일을 모아 보는 메뉴입니다. 찜 항목에는 200개까지 추가할 수 있으며 자주 쓰는 이미지를 추가하면 다시 사용할 때 편리하게 사용할 수 있습니다.

⓬ QR/바코드 : QR 코드와 바코드를 만들 때 사용합니다.

블로그 소개

블로그 기초

블로그 개설

블로그 디자인

블로그 글쓰기

이웃 관리와 홍보

블로그 마켓

04 본격적으로 블로그 타이틀 디자인을 하겠습니다. 미리캔버스에서 [파일] 메뉴를 클릭한 후에 [새 대자인 만들기]를 클릭합니다.

05 이미지 크기에 가로 966px, 세로 400px를 입력하고 [새 디자인 만들기]를 클릭합니다.

06 템플릿에서 원하는 템플릿을 검색하여 추가합니다. 여기서는 '책'을 검색했습니다.

07   내용을 변경하고 글씨 크기, 위치, 색상을 지정합니다.

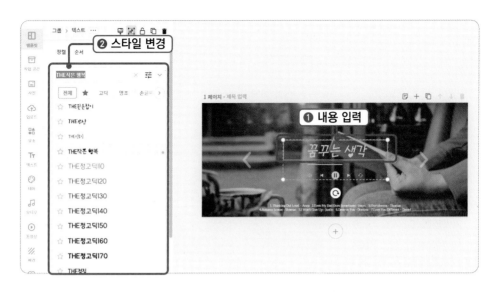

08   [요소] 메뉴에서 '별'을 검색합니다.
원하는 이미지를 클릭하여 삽입합니다.

09   화면에 별이 추가된 것을 볼 수 있습니다. 크기 및 위치를 조절합니다. 앞에서 살펴본 기능을
활용하여 진행하려고 하는 블로그 정서에 맞게 디자인 구성을 합니다.

블로그 소개

블로그 기초

블로그 개설

블로그 디자인

블로그 글쓰기

이웃 관리와 홍보

블로그 마켓

10 파일 이름을 입력하고 [다운로드]를 클릭한 후에 웹용 항목에서 [JPG]를 클릭하고 [빠른 다운로드]를 클릭합니다.

11 다운로드 폴더로 이동하여 다운로드된 파일을 확인합니다.

03 블로그 디자인 구성 완성하기

앞에서 만든 블로그 타이틀 디자인을 삽입하고 블로그 전체 색상과 메뉴 위치, 프롤로그 설정 등 모든 구성을 완료할 차례입니다.

01 블로그 타이틀 디자인을 수정하기 위해서는 전체적인 레이아웃 구성을 다시 설정해야 합니다. 레이아웃 구성을 위해 블로그 관리 페이지에 접속한 후에 [꾸미기 설정]-[레이아웃·위젯 설정] 메뉴로 이동합니다.

02 가로형을 선택하고 기본 위젯은 아래로 이동시킵니다.

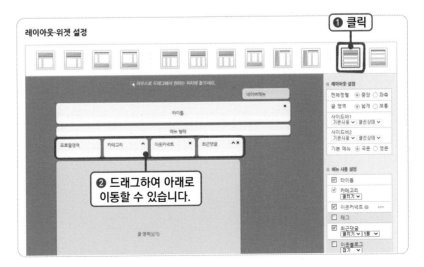

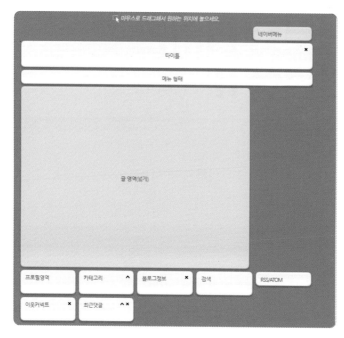

위젯을 옮긴 모습

03 블로그 하단에 있는 [적용]을 클릭하면 설정한 레이아웃으로 적용됩니다.

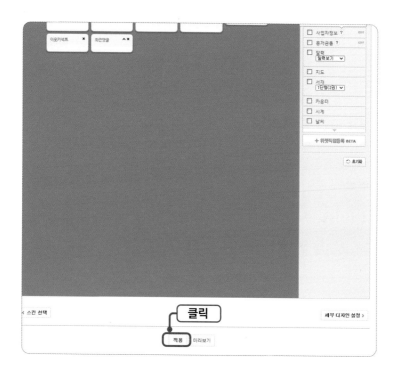

04 블로그 타이틀 디자인을 하기 위해 [꾸미기 설정]-[세부 디자인 설정] 메뉴로 이동합니다.

05 세부 디자인을 설정할 수 있는 리모콘이 나오는데 해당 메뉴에서 [타이틀]을 클릭한 후에 이미지를 불러오기 위해 [직접등록]을 클릭하고 [파일 등록]을 클릭합니다. 앞서서 미리캔버스에서 만들어서 저장했던 블로그 타이틀 이미지를 등록합니다.

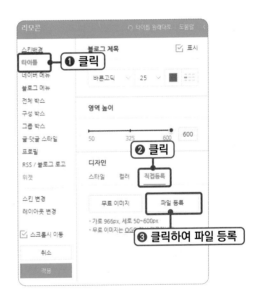

블로그 소개

블로그 기초

블로그 개설

블로그 디자인

블로그 글쓰기

이웃 관리와 홍보

블로그 마켓

06 블로그 타이틀 이미지가 적용된 것을 볼 수 있습니다. 영역 높이를 조절하여 작성한 이미지와 맞추고 화면에 표시된 블로그 제목을 지우기 위해 표시 항목을 해제합니다. 모든 설정을 완료한 후에 [적용]을 클릭하여 블로그에 적용된 모습을 확인합니다.

블로그 타이틀에 디자인이 적용된 모습

07 이번에는 블로그 상단에 카테고리 메뉴를 지정해 보겠습니다. 관리 페이지에서 [메뉴·글·동영상 관리]-[상단메뉴 설정]을 클릭합니다.

08 상단 메뉴 지정 항목에서 원하는 카테고리 메뉴를 선택하여 오른쪽으로 이동합니다. 이동하는 방법은 이동을 원하는 메뉴를 하나씩 클릭하고 [선택]을 클릭하여 이동합니다. 이동을 완료한 후에 [확인]을 클릭합니다.

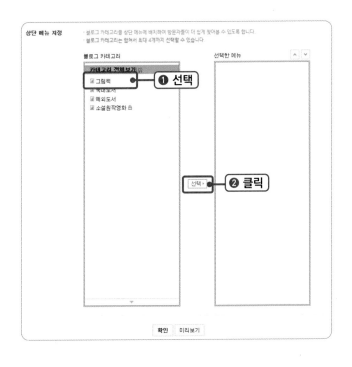

09 완성된 블로그를 확인합니다. 처음에는 꾸미기 설정 메뉴의 [세부 디자인] 설정 항목을 하나하나 누르며 최대한 마음에 드는 유형으로 변경합니다. 여러 번의 수정 작업을 통해 가장 마음에 드는 디자인을 만날 것입니다.

꿈꾸는 생각 블로그 디자인

상업용 무료 폰트 사이트

디자인 작업 시, 별도의 상업용 서체가 필요하다면 상업용 무료 폰트를 제공하는 눈누폰트 사이트를 활용해 보기를 바랍니다(https://noonnu.cc).

상단 이미지 크기

블로그를 보다 보면 상단 디자인이 끊어지지 않고 전체적으로 꽉 차 있는 디자인이 있습니다. 블로그 상단 디자인에서 스킨 배경 기능을 활용하여 디자인하면 가능합니다. 가로 최대 3,000px까지 가능하기 때문에 해상도가 높은 모니터에서 보더라도 상단 디자인이 끊어지지 않게 볼 수 있습니다.

아래의 예시는 상단 디자인을 가로 3,000px 세로 710px로 디자인하여 저장한 것입니다. 블로그 관리 화면에서 [꾸미기 설정]-[세부 디자인 설정]-[스킨 배경]-[직접 등록]-[상단 영역]-[파일 등록]으로 들어가 등록합니다. 등록한 후에 화면을 축소하여 확인해 보세요.

◀ 블로그 100% 화면

▲ 블로그 50% 축소 화면

Part 05

나와 독자를 위한 알맞은 블로그 글쓰기

초보자 분들이 제일 먼저 질문하는 내용 중에는 "어떤 글을 써야 할까요?"에 대한 질문이 상당히 많습니다. 블로그 운영 중에 제일 어려워하는 것 중 하나가 어떤 글을 어떻게 써야 하는지입니다. 블로그에 쓸 수 있는 글은 아주 다양합니다. '내 일기장인데 내 마음대로 쓰면 되지'라고 생각해도, '내가 가진 전문 지식을 돋보이게 써서 많은 사람들에게 도움을 줄 거야'라고 생각해도 좋습니다. 어떤 방향으로 쓰든지 간에 중요한 것은 일단 써 보는 도전 정신과 꾸준히 써 나가는 습관입니다.

01 블로그 글쓰기를 하면 좋은 점

글을 꾸준히 쓰기 위한 동기를 부여하기 위해 블로그 글쓰기를 하면 좋은 점 19가지를 정리했습니다. 19가지 항목 중에는 '정말 이런 능력도 생기는 거야?'라는 생각이 드는 항목도 있을 수 있고, 당연하다는 생각이 드는 항목도 있을 수 있습니다. 당연하다고 느끼는 항목이 많은 분은 블로그가 쉽다고 느낄 것이고 반대의 경우는 블로그가 어렵다고 느낄 것입니다.

19가지 항목을 크게 3가지로 나누면 나를 잘 아는 능력, 글 쓰는 능력, 공감과 소통 능력입니다. 아래 항목 중에서 기대되는 항목이 있거나, 달성하고 싶은 항목이 있다면 체크해 보세요. 체크한 내용을 달성하기 위해 꾸준히 블로그 글쓰기를 시작해 봅니다.

블로그 글쓰기를 하면 좋은 점

① 정리하고 있다는 뿌듯함이 생깁니다.
–소소한 일상의 기록으로 나를 돌아볼 수 있는 계기가 됩니다.
–기록의 힘은 내면의 자아를 돌볼 수 있는 힘이 됩니다.

② 표현력이 좋아집니다.
–올바른 문장과 아름다운 단어를 쓰다 보면 어휘력, 문장력, 표현력이 향상됩니다.
–단어와 문장 선택에 좀 더 신중해집니다. 이는 예쁘고 조리 있게 말하는 능력에도 큰 영향을 줍니다.

③ 사진에 관심을 갖게 됩니다.
–나만의 시선으로 바라본 다양한 풍경들을 자연스레 수집할 수 있습니다.
–내 안의 풍경, 나의 관점과 시각을 자세히 살필 줄 알게 됩니다.

④ 글쓰기 전문가가 됩니다.
–문장 수집가, 작가가 될 수 있습니다.
–또 다른 부캐릭터가 형성됩니다.

⑤ 하고 있는 분야 또는 새로운 분야에서 기회가 옵니다.

–다양한 분야로 확장이 가능합니다.

–유사 분야와 협업, 콜라보가 가능합니다.

⑥ 멀티 능력을 갖게 됩니다.

–나만의 콘텐츠를 만들어 낼 수 있는 능력, 글과 사진, 협업 등의 능력을 성장시킬 수 있습니다.

⑦ 광고 수익이 들어옵니다.

–글이 쌓이면 글과 관련된 광고를 노출하여 광고 수익을 벌 수 있습니다.

⑧ 나의 성공을 돕는 든든한 친구가 생긴 것 같다는 생각이 듭니다.

–나의 경쟁력을 성장시키는 또 다른 나를 발견합니다.

⑨ 상상력이 풍부해집니다.

–끊임없는 도전과 열정으로 긍정 에너지를 만들어 냅니다.

⑩ 그동안의 글로 책을 낼 수 있습니다.

–나만의 브랜드를 만들어 내는 과정을 즐기며, 그것을 또 하나의 책으로 만들 수 있습니다.

⑪ 마음에 담은 말을 시원하게 말할 수 있습니다.

⑫ 좋은 이웃을 만날 수 있습니다.

–나와 비슷한 공감대를 가진 네트워크를 만들 수 있습니다.

⑬ 새로운 연대의 문화를 만날 수 있습니다.

⑭ 좋아하는 일을 잘할 수 있는 일로 만들 수 있습니다.

⑮ 프로 N잡러의 안정적인 삶을 시작할 수 있습니다.

–생계 유지를 위해 일을 하면서도 부업으로 할 수 있어서 시간과 에너지 대비 경제적입니다.

⑯ 열심히 꾸준히 하는 만큼 성과가 눈에 보입니다.

–노력한 만큼 성취감도 높습니다.

⑰ 글쓰기로 진심을 전할 수 있으며, 사람의 마음을 얻을 수도 있습니다.

⑱ 나의 이야기로 다른 사람들의 공감을 얻어 연대감을 느낄 수 있습니다.

⑲ 우리가 살아가는 모든 이야기들이 글감의 소재가 될 수 있습니다.

– 모든 이야기가 새로운 소재가 될 수 있습니다.

– 퍼스널 브랜딩과 함께 나의 인생을 보다 의미 있고 가치 있는 깊이 있는 삶으로 전환할 수 있는 계기가 됩니다.

블로그 소개

블로그 기초

블로그 개설

블로그 디자인

블로그 글쓰기

이웃 관리와 홍보

블로그 마켓

02 블로그 글을 잘 쓰는 구체적인 방법

강의할 때 "글을 어떻게 잘 쓰나요?"라고 질문을 받으면 "저는 마케팅 글쓰기만 잘하고 일반적인 글을 쓰는 능력은 많이 부족합니다"라는 말을 먼저 합니다. 이게 무슨 말인가 싶을 것입니다. 예상과 달리 모든 분야의 글을 잘 쓰는 사람은 적습니다. 하물며 전문가도 마찬가지입니다. 어떤 사람은 제품의 특징을 독자들이 쉽게 이해할 수 있도록 쓰는 마케팅 글쓰기에 강점이 있습니다. 한편 어떤 사람은 일기 형태의 글쓰기에 강점이 있고, 또 어떤 사람은 객관적인 정보 전달 글쓰기에 강점이 있습니다. 이외에 다른 형태의 글을 잘 쓰는 사람도 있죠. 초보자가 글을 잘 쓰기 위해서 중요한 것은 일단 내가 어떤 글에 좀 더 강점이 있는지를 살펴봐야 하는 점입니다. 처음에는 자신의 강점을 살려서 글을 써 보며 부족한 점을 채워 나가거나 새로운 형태의 글쓰기에 도전해 보길 바랍니다.

저는 있는 사실을 쉽게 표현하는 글을 쓰는 것이 특기라고 볼 수 있습니다. 그래서 마케팅 글을 쓸 때도 이 점을 강화하여 제 글의 독자적인 특징으로 삼으려 노력했습니다. 대표적인 방법으로는 우선 글을 쓰기 전에 판매하고자 하는 제품을 관찰하며 소구점, 즉 셀링 포인트를 찾으려 합니다. 어떤 때는 블로그 글을 위해, 아이스 아메리카노를 시켜서 물방울이 맺히는 순서와 바닥에 깔려 있는 티슈가 물방울에 의해 젖어 가는 흐름을 10분 동안 관찰하기도 했습니다. 마케팅 글쓰기는 이렇게 대상을 한참 보며 있는 그대로 쓰는 것부터 연습하는 것이 효과적입니다.

아래 표는 글을 쓰는 목적에 따라 나를 위한 글쓰기, 독자를 위한 글쓰기, 마케팅 글쓰기로 구분한 표현입니다. 각각의 목적에 맞는 내용은 어떤 내용으로 채우는지를 참고하여, 독자가 명확하고 쉽게 이해할 수 있는 글을 쓰는 연습을 합니다.

구분	나를 위한 글쓰기	독자를 위한 글쓰기	마케팅 글쓰기
목적	자기 위로 또는 기록	독자와의 소통	제품 판매 및 브랜드 인지도 상승
내용	내 마음대로 기록	독자가 어떤 관심사가 있는지, 어떤 정보를 필요로 하는지를 파악하여 눈높이에 맞게 기록	사실을 기반으로 한 근거를 논리적으로 구성하여 기록

글의 목적에 따른 글 내용

이제부터는 글을 잘 쓰기 위해 따라야 할 기본 순서를 구체적으로 알아보겠습니다. 이 순서는 모든 종류의 글쓰기에 공통으로 해당합니다. 다만 글을 처음 쓰는 분이라면 나를 위한 글쓰기를 하며 순서를 익혀 보길 바랍니다. 나를 위한 글쓰기는 다른 사람을 의식할 필요 없이 나에게 하는 이야기이기 때문에 마음 편히 쓸 수 있기 때문입니다.

글쓰기 기본 순서

1 무엇에 대해 글을 쓸까?-소재 선정

아무리 가볍게 써 보려 해도 소재가 정확하지 않으면 작성한 글이 독자의 머릿속에 잘 전달되지 않습니다. 그러니 먼저 소재와 담고 싶은 내용이 무엇인지를 간략히 생각합니다. 소재가 잘 떠오르지 않는다고 하면 휴대폰 사진을 보며 떠오르는 장면, 기억나는 시간이 있는지를 찾아보는 등 주위에서 쓸 만한 소재를 찾는 것부터 합니다. 지금부터 쓰고 싶은 주제를 하나 정합니다. 저는 바다로 정했습니다.

2 글을 쓰기 전에 찾아봐야 한다-자료 수집

글을 쓰려고 앉았는데, 빈 화면에서 깜박이는 커서를 보며 시간을 보내기만 하는 경우가 있습니다. 바로 자료 수집이 부족했기 때문입니다. 자료 수집은 글을 쓰기 전에 사전에 준비해야 되는 자료 또는 내용들을 말합니다. 소재와 관련하여 작성했던 메모, 사진, 배경 음악 등 쓰려고 하는 글과 연관성 있는 모든 자료를 수집하여 정리합니다.

	내용	자료 준비
1	쓸 소재는 어떤 것으로 할까?	바다에 다녀온 기억
2	사진 및 음악 관련 자료는 준비했나?	사진은 준비, 음악은 준비하지 않음
3	그 외 연관성이 있는 자료로는 무엇이 있을까?	운전하는 나의 모습, 주변 풍경, 도로 상황 등

저는 소재로 선정한 '바다'에 맞는 사진을 한 장 준비했습니다. 이 사진을 대표 자료로 활용할 생각입니다. 여러분은 소재로 사용할 사진을 준비하시기 바랍니다.

2019.11.25. 왕산해수욕장

    수집한 사진 자료를 보며 사진에서 보이는 장면을 사실대로 묘사하거나, 현장에 있었던 나의 모습 또는 해당 장소에 가거나 오는 과정의 특이사항 및 풍경은 어땠는지도 추가적으로 정리하면 글을 쓰는 데 도움이 됩니다. 사진에는 보이지 않지만 사진을 보며 연상되는 것이나 나의 마음, 느낌 등 감각적인 부분도 정리합니다.

사진에서 보이는 것	- 노을 - 사진 찍는 사람 - 캠핑하는 사람 - 손잡고 걷는 연인 - 평화로운 바다 - 차에 앉아 있는 나

사진에서 보이는 것을 세세하게 정리

바다 도착 전후	- 바다가 그냥 보고 싶었음 - 차를 몰고 혼자 출발 - 인천대교를 지나 5시쯤 도착 - 바다를 한참 보다가 서둘러서 나옴 - 인천대교를 넘어서 옴 - 중간에 피곤해서 잠시 차를 세웠음 - 10분 정도 있다가 집으로 출발함

바다로 가려고 하는 마음과 바다 도착 전후에 대한 내용 정리

예시처럼 준비된 사진을 보며 아래 항목에 내용을 채워 봅니다.

사진에서 보이는 것	

준비한 사진에서 최소 3가지를 적어 봅니다.

사진에 보이는 장소 도착 전후	

사진을 찍은 장소에 간 이유 또는 특이사항 최소 3가지를 적어 봅니다.

3 핵심 단어는 무엇으로 할까?-키워드 작성

이번에는 사진을 보며 떠오르는 단어를 모두 정리해 봅니다. 들었던 감정이나 생각에 대해서도 단어로 정리하며, 나의 글을 읽는 사람이 느꼈으면 하는 메시지에는 어떤 것이 있는지도 같이 정리합니다. 서술식으로 문장을 작성한 뒤에 문장에서 핵심 단어를 빼내도 됩니다.

	내용	답 예시
1	중심 키워드는 무엇으로 할까?	바다, 바다 냄새, 일몰, 수평선, 모래
2	읽는 사람이 느꼈으면 하는 메시지는 있는가?	바다에서 있었던 좋은 기억을 추억한다 바다에 가고 싶다고 느낀다

| 키워드 |

#바다 #노을 #사진찍는사람 #인천대교 #5시 #바다보는나 #평화로운바다 #캠핑하는사람 #연인 #혼자 #10분 #서둘러나옴

블로그 소개

블로그 기초

블로그 개설

블로그 디자인

블로그 글쓰기

이웃 관리와 홍보

블로그 마켓

앞의 예시처럼 떠오르는 단어를 최소 5개 이상 정리합니다.

| 키워드 |

NOTE

키워드 추출 및 키워드 만들기 연습을 하면 글을 쓰는 데 도움이 많이 됩니다. 이때는 썸트렌드 사이트를 이용하기를 추천합니다. 썸트렌드 사이트에서 특정 단어를 검색하면 연관된 단어들이 추출됩니다. 이 중에는 키워드로 사용할 수 있는 단어들이 많습니다. 쓰려고 하는 키워드와 연관된 단어를 찾다 보면 생각하지 못했던 키워드를 찾을 수도 있으니 다양한 단어를 입력하며 생각의 폭을 넓히기 바랍니다.

4 시간 흐름과 기본 내용 정리-흐름도와 개요 작성

이제부터는 본격적인 글쓰기 시작 단계입니다. 흐름도를 작성하고 이어서 개요를 만드는 단계입니다. 이를 통해 생각했던 주제에서 벗어나지 않고 좋은 글을 쓸 수 있습니다. 흐름도란 쓰려고 하는 내용 전체를 처음부터 끝까지 키워드로 정리한 것을 말합니다. 어떤 장소에 대한 글이라면 흐름도 작성 방법은 아래 예시와 같이 출발부터 도착까지 시간 흐름에 맞게 정리하면 됩니다.

바다에 가고 싶은 마음 → 운전 → 인천대교 → 왕산해수욕장 → 노을 감상 → 여러 사람들 →
잠시 머물다 출발 → 운전 → 인천대교 → 10분 휴식 → 집 도착

바다를 주제로 한 흐름도 작성 예시

위 예시처럼 쓰고 싶은 글에 대한 흐름도를 작성해 봅니다. 가능하면 세부적으로 써 봅니다.

흐름도를 작성했다면 이어서 개요를 작성합니다. 개요 작성이 중요한 이유는 블로그를 통해 전달하려고 하는 내용이 무엇인지를 명확히 할 수 있기 때문입니다. 개요는 한마디로 말하면 문서 전체의 요약본으로, 전달하고자 하는 내용 등 들어갈 요소들을 정리하는 과정입니다. 흐름도를 만들었다면 개요를 만드는 것은 어렵지 않습니다. 흐름도에 수식어를 붙여서 작성하면 됩니다.

> **바다가 보고 싶어서 차를 몰고 인천대교**를 넘어 **왕산해수욕장**에 도착했다. 오후 5시쯤에 **노을**이 지기 시작했고, 혼자 사진 찍는 사람, 서로 찍어 주는 연인, 모닥불을 피워 놓고 이야기 나누는 **사람 모두** 영화에서 봤던 장면 같았다. 그렇게 어려운 것 같지 않은데 나는 다음에 나도 저렇게 해 보고 싶다고 다짐했다.
>
> 시동을 켜고 다시 **인천대교**를 넘어오는데 많이 피곤함을 느껴 송도 쪽으로 이동하여 가까운 공원에 차를 대고 **10분 휴식**을 취하다가 **서둘러 넘어왔다.** 왜 서둘러 넘어왔는지는 모르겠는데 평화로운 바다에 있던 모든 사람들이 부러웠나 보다.

개요 작성 예시(진한 글씨는 흐름도의 키워드)

위 예시처럼 개요를 작성해 봅니다.

자료 수집부터 개요 작성까지 완료했습니다. 지금 상황에서는 내가 선정한 주제의 글을 쓰고자 하는 마음이 드는지, 자신감을 갖고 쓸 수 있을 것 같은지에 대해 초점을 맞추기를 바랍니다.

블로그 소개

블로그 기초

블로그 개설

블로그 디자인

블로그 글쓰기

이웃 관리와 홍보

블로그 마켓

5 처음에는 쓰는 것 자체를 목표로 한다-본문 작성

이제 글을 쓰겠습니다. 사람들이 글을 쓸 때 가장 많이 고려하는 것은 '서론→본론→결론' 구성의 3단 구성법입니다. **서론**은 글을 쓰는 목적을 제시하고 흥미 유발을 통해 앞으로의 내용을 계속 읽게 하는 역할을 합니다. **본론**은 글에서 말하고 싶은 내용을 설득력 있게 작성하는 부분으로, 수집된 자료를 기반으로 작성하여 신뢰도를 높입니다. **결론**은 서론과 본론에서 작성한 내용을 정리하며 중요 내용을 다시 한번 기억할 수 있도록 합니다.

하지만 블로그 글쓰기에는 3단 구성법이 꼭 적용되는 것은 아닙니다. 단순히 3단 구성법을 지키는 것보다도 읽는 사람이 끝까지 읽을 수 있게 하는 방법에는 어떤 것이 있을까에 대해 생각하며 맞는 방법을 그때그때 사용하는 것이 더 중요합니다. 그중 하나로 **운율감**이라고 부르는 것이 있습니다. 여기서의 운율감은 텍스트, 사진, 동영상 등 글에 들어가는 요소들이 조화롭게 연결되는 것을 말합니다. 예를 들어 글만 너무 많이 쓰거나, 사진만 20~30장 길게 나열하거나 동영상만 한 편 올려져 있기보다는 글과 사진과 동영상 등 필요한 요소가 어울리게 들어가는 구성을 운율감이라 표현합니다. 이 운율감을 잘 표현하는 것이 중요한데, 크게 ❶ **끊어서 쓰기**와 ❷ **사진 조절**로 잘 표현할 수 있습니다.

운율감 조성을 위한 다양한 레이아웃

① 끊어서 쓰기

문장 하나를 너무 길게 쓰면 가독성이 떨어지고 내용을 빠르게 이해하기가 어렵습니다. 제가 썼던 글을 예로 들어 보겠습니다.

가끔 바다가 보고 싶은 날이면 무조건 차를 몰고 바다 소리와 냄새가 나는 곳으로 무작정 달려
간다. 그리고 그곳에 도착하면 탁 트인 바다 풍경을 가만히 보다가 노을이 질 때쯤에 집으로 돌
아온다.

끊어 쓰지 않은 문장

위 문단은 문장 두 줄로 구성되어 있습니다. 문장들이 너무 길어서 가독성이 떨어집니다. 이 문장들을 아래 문장처럼 끊
어 쓰면 읽는 사람들이 내용을 빠르게 이해하는 효과가 있습니다. 또한 문장을 끊는 과정에서 새로운 문장이 탄생해 더
다양한 표현이 가능합니다. 문장을 끊을 때는 무조건 끊지 말고 한 줄에 전달하고 싶은 메시지는 하나만 담는다는 생각
으로 환경의 변화, 감정의 변화 등이 있는 곳에서 끊어 쓰며 가독성을 높이는 연습을 합니다.

가끔씩 바다에 가고 싶어 견딜 수 없을 때가 있다.
바다 냄새가 그리울 때도 있고,
파도가 부서지는 소리를 듣고 싶을 때도 있다.
눈이 아릴 정도로 탁 트인 풍경을
가만히 지켜보고 싶을 때도 있다.

끊어 쓰게 수정한 문장

② 사진 조절

사진의 경우, 1열로 진열해야 하는 경우도 있지만 네이버 블로그에서 제공하는 콜라주 기능을 사용하면 선택한 사진 장
수에 따라 자연스럽게 크기가 조절되어 아래 예시와 같이 변경됩니다. 콜라주는 최대 10장까지 가능합니다. 10장이 넘
는다면 두 번에 나눠서 콜라주 작업을 해야 합니다. 10장 이상의 사진을 한 번에 추가하는 경우에는 1열로 나열되는 기
능만 제공합니다.

1열로 진열된 사진

콜라주로 운율감 있게 표현된 사진

블로그 소개

블로그 기초

블로그 개설

블로그 디자인

블로그 글쓰기

이웃 관리와 홍보

블로그 마켓

이 2가지 방법 외에도 운율감 있는 표현은 상당히 다양하게 구현할 수 있습니다. 글을 위해 어떻게 운율감을 표현하면 좋을지를 고민하며 아래와 같이 다방면에서 구현해 보는 시도가 필요합니다. 계속 시도하다 보면 나만의 좋은 운율감을 찾아낼 수 있습니다.

운율감을 잘 구현한 예시

앞에서 정리한 키워드와 흐름도, 개요를 기반으로 실제 글을 써 보겠습니다. 일단 흐름도를 총 4단계로 분리합니다. 그 다음에는 흐름에 수식어 및 감정을 넣어서 글을 작성합니다.

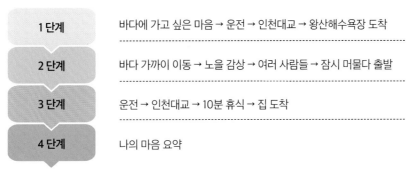

1 단계 바다에 가고 싶은 마음 → 운전 → 인천대교 → 왕산해수욕장 도착

2 단계 바다 가까이 이동 → 노을 감상 → 여러 사람들 → 잠시 머물다 출발

3 단계 운전 → 인천대교 → 10분 휴식 → 집 도착

4 단계 나의 마음 요약

4단계로 흐름도 분리

1단계는 바다에 가고 싶은 마음부터 왕산해수욕장에 도착한 순간까지를 쓰는 단계입니다.

1단계

바다에 가고 싶은 마음 → 운전 → 인천대교 → 왕산해수욕장에 도착

문득 바다가 보고 싶은 날이 있다.
그런 날 혼자 차를 몰고 갈 때도 있고
친구에게 전화를 해서 함께 갈 때도 있다.
그런데 오늘은 혼자 가고 싶은 날이다.
가까운 바다를 검색해 보니
일몰이 예쁜 왕산해수욕장이 나왔다.

차로 45분 정도 달려가니
인천대교를 넘어서 왕산해수욕장에 도착했다.

2단계는 도착해서 본 바다 풍경을 쓰는 단계입니다.

2단계

바다 가까이 이동 → 노을 감상 → 여러 사람들 → 잠시 머물다 출발

블로그 소개

블로그 기초

블로그 개설

블로그 디자인

블로그 글쓰기

이웃 관리와 홍보

블로그 마켓

그리고 도착한 바다는
바로 바다와 내가 닿을 수 있을 정도로 가까운 곳이었다.

오후 5시쯤 되니 노을이 지기 시작했고,
연인들이 서로 사진을 찍어 주며 행복한 모습이었다.
그리고 한쪽에서는 테이블과 의자, 모닥불, 난로를 펴 놓고 있었는데
그 모습이 너무 보기 좋았다.
처음 그 모습을 보았을 때 하나도 어려워 보이지 않았다.
그런데 어쩌면 나는 저렇게 하는 것을
왜 이렇게 어렵게 생각했는지에 대한 생각을 하게 되었다.

그 사람들이 부러웠나 보다.
다른 곳을 보다가도
모닥불 방향으로 시선이 다시 돌아간다.
드라마나 영화에서 봤던 장면 같았다.

다음에 나도 해 봐야지라고 생각했지만
언제 할 수 있을지는 모르겠다.

3단계는 바다를 보고 다시 돌아오는 과정을 쓰는 단계입니다.

3단계

운전 → 인천대교 → 10분 휴식 → 집 도착

차의 시동을 켜고 인천대교를 다시 넘기 시작했다.
이상하게 너무 피곤했다.
차를 안전한 곳에 세우고 10분 정도 눈을 붙이고
출발하려 했는데
이상하게도 서둘러서 넘어왔다.

4단계는 바다를 다녀 온 마음을 정리하는 단계입니다.

4단계

나의 마음 요약

나는 어쩌면
나한테 없었던 평화로운 곳에서
빨리 돌아오고 싶었는지도 모르겠다.

평화로운 바다가 그리웠던 것이 아니라
바다를 바라보고 있는 사람들은 어떤 사람일까?가
알고 싶어서 갑자기 바다로 가고 싶었는지도 모르겠다.

문득 바다가 보고 싶은 날

문득 바다가 보고 싶은 날이 있다.
그런 날 혼자 차를 몰고 갈 때도 있고
친구에게 전화를 해서 함께 갈 때도 있다.
그런데 오늘은 혼자 가고 싶은 날이다.
가까운 바다를 검색해 보니
일몰이 예쁜 왕산해수욕장이 나왔다.

차로 45분 정도 달려가니
인천대교를 넘어서 왕산해수욕장에 도착했다.

그리고 도착한 바다는
바로 바다와 내가 닿을 수 있을 정도로 가까운 곳이었다.

오후 5시 쯤 되니 노을이 지기 시작했고,
연인들이 서로 사진을 찍어 주며 행복한 모습이었다.
그리고 한쪽에서는 테이블과 의자, 모닥불, 난로를 펴 놓고 있었는데
그 모습이 너무 보기 좋았다.
처음 그 모습을 보았을 때 하나도 어려워 보이지 않았다.
그런데 어쩌면 나는 저렇게 하는 것을
왜 이렇게 어렵게 생각했는지에 대한 생각을 하게 되었다.

그 사람들이 부러웠나 보다.
다른 곳을 보다가도
모닥불 방향으로 시선이 다시 돌아간다.
드라마나 영화에서 봤던 장면 같았다.

다음에 나도 해 봐야지라고 생각했지만
언제 할 수 있을지는 모르겠다.

차의 시동을 켜고 인천대교를 다시 넘기 시작했다.
이상하게 너무 피로했다.
차를 안전한 곳에 세우고 10분 정도 눈을 붙이고
출발하려 했는데
이상하게 서둘러서 넘어왔다.

나는 어쩌면
나한테 없었던 평화로운 곳에서
빨리 돌아오고 싶었는지도 모르겠다.

평화로운 바다가 그리웠던 것이 아니라
바다를 바라보고 있는 사람들은 어떤 사람일까?가
알고 싶어서 갑자기 바다로 가고 싶었는지도 모르겠다.

정리된 최종 글

이렇게 나를 위한 글쓰기를 예시로 실습을 완료했습니다. 하나의 주제를 정한 뒤에 앞에서 말한 흐름대로 써 보는 연습을 합니다. 지금은 내용을 채워 완성하는 것 자체가 중요하므로 글에 대한 평가는 고려하지 않습니다. 사람들이 보고 느끼는 것은 제각각 다릅니다. 그러니 처음부터 평가에 사로잡힐 필요는 없습니다. 글을 100개까지 쓰는 동안에는 평가를 의식하지 말고 씁니다. 내 느낌을 솔직하게 쓰길 바랍니다.

만약 지금까지 따라 했는데도 글을 쓰는 것이 어렵다면 소재 발견이 힘든 것인지, 또는 쓰는 데 많은 시간을 쓰지 않은 것인지를 생각합니다. 소재 발견이 힘든 경우에는 소재에 힘을 들이는 대신 어떤 것이든 글로 써 보자는 마음을 가지면 됩니다. 쓰는 것에 많은 시간을 쓰지 않은 경우는 단계를 다시 밟아가며 오래 앉아서 써 보려 하길 바랍니다. 많은 수강생 분들과 노력하며 검증한 방법입니다.

NOTE

멋있게 표현하려고 하는 것보다 더 중요한 것은 내 감정을 솔직하게 표현하는 것입니다. 감정을 솔직하게 표현하기 위해 저는 녹음을 하는 방법을 사용하고 있습니다.
생각만 해서는 감정이 잘 떠오르지 않았지만 사진을 보며 자유롭게 이야기한 음성을 녹음하여 들어 보니 그때의 감정이 생생하게 떠올랐습니다. 녹음한 내용을 다시 받아쓰다 보니 듣는 과정에서 핵심으로 강조할 내용이 무엇인지도 발견하게 되었습니다. 녹음을 활용하여 일상에서 느낀 감정들, 보이는 시선을 그때그때 음성으로 담아 보세요. 녹음된 파일을 텍스트로 변환해 주는 프로그램을 활용하여 텍스트화해도 좋습니다.
저는 네이버에서 만든 클로바노트 앱을 사용하고 있습니다. 녹음하고 텍스트로 변환하는 과정이 편리하게 되어 있습니다.

03 마케팅 글쓰기는 어떻게 접근해야 할까?

이번에는 마케팅 글쓰기에 대해 설명하겠습니다. 마케팅 글쓰기와 개인적인 글쓰기는 여러 차이점이 존재합니다. 개인적인 글쓰기는 '영혼'이 있어야 하고, 마케팅 글쓰기는 '로직'이 있어야 합니다. 소위 개인적인 글은 내가 원하는 형태로 쓰되, 마음을 담아서 진심을 다해 쓰는 것이 중요합니다. 반면 마케팅 글은 전달하고자 하는 내용을 설득력 있게 정리하여 써야 합니다. 또한 검색했을 때 노출이 잘 되어야 한다는 분명한 목적이 있기 때문에 로직을 이해하고 있어야 합니다. 마케팅 글쓰기는 검색량이 많은 단어 선정, 현재의 이슈 파악, 이야기하는 내용에 대한 근거 수집, 다양한 자료 사용을 종합적으로 고려하여 매출 및 브랜드 인지도를 높이는 데 힘을 실어 주는 글쓰기라고 생각하길 바랍니다.

구분	로직 이해	영혼	독자 이해도	이유
마케팅 글쓰기	O	X	O	영혼을 담아 쓰다 보면 객관적 사실이 왜곡될 수 있으며, 마케팅 글쓰기를 지속적으로 이어가기 힘들 수 있다. 그보다 로직을 이해하여 상위 노출에 힘써야 한다.
개인적인 글쓰기	X	O	O	로직을 이해하기보다는 개인의 영혼을 담아 표현하고 싶은 것을 써서, 사람들이 나의 심정을 이해할 수 있도록 해야 한다.

마케팅 글쓰기와 개인적인 글쓰기의 차이점

만약 제품과 회사에 대한 객관적 사실이 아니라 나의 마음과 생각을 담아 쓰다 보면 글이 왜곡될 소지가 많습니다. 또한 마케팅의 특성상 글 작성에 지나치게 많은 시간과 에너지를 소비해야 할 겨를이 있지도 않을 것입니다. 제품 홍보라는 비즈니스 목적과도 멀어지고 마는 것입니다. 그렇기 때문에 마케팅 글쓰기는 '들어가는 에너지는 되도록 적게, 그리고 제품의 판매를 최대한 끌어올릴 수 있게'라는 명확한 목적 의식을 갖고 객관적 사실을 서술해야 함을 명심합니다.

마케팅 글쓰기의 핵심인 로직에 대해 자세히 이야기하겠습니다. 네이버 블로그 검색 로직에는 C-Rank 로직과 D.I.A 로직이 있습니다. C-Rank 로직은 블로그 주제에 맞게 전문적으로 운영하고 있는지를 확인하는 알고리즘이며, D.I.A 로직은 블로그 전체가 아니라 블로그에 있는 글별로 사용자의 선호도를 반영하여 점수를 매기는 방식입니다.

C-Rank 로직	블로그의 전반적인 신뢰도를 평가하는 알고리즘
D.I.A 로직	글별로 사용자들이 선호하는 글에 대한 점수를 반영한 알고리즘

① 출처인 블로그의 신뢰도와 인기도를 반영하는 C-Rank 알고리즘

네이버 검색 랭킹의 정확도를 높이기 위해 사용되는 기술에는 글 자체보다 해당 글의 출처인 블로그의 신뢰도를 평가하는 알고리즘이 있는데 이를 C-Rank라고 부릅니다. C-Rank 알고리즘은 블로그 신뢰도를 평가할 때 출처의 신뢰도/인기도, 맥락, 내용, 연결된 소비/생산과 같은 요소를 종합적으로 계산하며 그 결과는 블로그 검색 랭킹에 일부 반영됩니다.

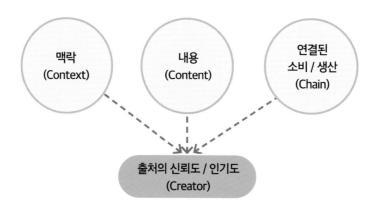

맥락(Context) : 주제별 관심사의 집중도는 얼마나 되는지 보는 항목
내용(Content) : 생산되는 정보의 품질은 얼마나 좋은지 보는 항목
연결된 소비 / 생산(Chain) : 생산된 콘텐츠는 어떤 연쇄 반응을 보이는지 보는 항목

맥락 + 내용 + 연결된 소비와 생산 = 신뢰도와 인기가 있는 블로그인지(Creator)를 계산

네이버 C-Rank 로직에 대해 기본적인 개념이 잡혔다면 하나의 예를 통해 알고리즘 적용 전과 적용 후는 어떻게 다른지 확인해 보겠습니다. '산후다이어트'라는 키워드를 입력한 결과입니다.

구분	검색 결과	노출되는 글 유형	상단 노출 이유
C-Rank 적용 전	 OO한의원	단순 병원 홍보글이 상단 노출	OO피트니스 센터처럼 다이어트에 대한 전문적인 내용을 지속적으로 포스팅하면 C-Rank 알고리즘에 의해 주제별 신뢰도와 인기도를 계산해 반영하고 상단 노출 됨
C-Rank 적용 후	 OO피트니스	사용자에게 보다 유익한 정보가 상단 노출	

만약 피트니스 센터 블로그에서 주제와 관련이 없는 일상 글이 많은 비중을 차지하고 있었다면 '산후다이어트' 검색 결과 C-Rank 로직에 의해 신뢰도가 낮아지기 때문에 상위에 노출될 수 없었을 것입니다. C-Rank에 반영되는 데이터로는 아래 표와 같이 6가지가 있습니다.

항목	설명
BLOG Collection	블로그 글의 제목 및 본문, 이미지, 링크 등 글을 구성하는 기본 정보를 참고해 글의 기본 품질을 계산
네이버 DB	인물, 영화 정보 등 네이버에서 보유한 콘텐츠 DB를 연동해 출처 및 글의 신뢰도를 계산
Search LOG	네이버 검색 이용자의 검색 로그 데이터를 이용해 글 및 글 출처의 인기도를 계산
Chain Score	웹 문서, 사이트, 뉴스 등 다른 출처에서의 관심 정도를 이용해 신뢰도와 인기도를 계산
BLOG Activity	블로그 서비스에서의 활동 지표를 참고해 얼마나 활발한 활동이 있는 블로그인지를 계산
BLOG Editor 주제 점수	딥러닝 기술을 이용해 글의 주제를 분류하고, 그 주제에 얼마나 집중하고 있는지 계산

현재 블로그 C-Rank 알고리즘에서 참고하는 데이터

블로그 소개

블로그 기초

블로그 개설

블로그 디자인

블로그 글쓰기

이웃 관리와 홍보

블로그 마켓

이처럼 C-Rank는 기본적으로 블로그 사용자들이 정보를 찾기 위해 검색하는 검색어에 의해 검색된 블로그 글뿐만 아니라 사이트나 인물 정보 등 다양한 데이터를 참고합니다. 이러한 데이터를 이용해서 어떤 블로그가 어떤 주제에 집중하고 있는지, 얼마나 검색 이용자에게 인기 있는 블로그인지 계산하고 있습니다.

특히 블로그 전체에서 생산된 글의 주제 분포를 통해 특정 주제에 대한 집중도가 어느 정도 되는지를 계산하기 때문에, C-Rank의 반영 비중이 높을 때는 다양한 일상 주제에 대한 글보다는 특정 주제에 대한 자신만의 글이 늘어나야 검색 결과에서 더 잘 노출될 수 있습니다. C-Rank와 관련하여 꼭 기억해야 하는 것은 '주제에 맞는 글을 지속적으로 포스팅하고 있는가'라는 점입니다.

② 글 자체의 경험과 정보성을 분석해 랭킹에 반영하는 D.I.A 알고리즘

그런데 C-Rank만 고려한다면, 막 시작하여 글이 몇 개 없는 블로그는 아무리 글을 잘 써도 검색 결과에 노출되지 않을 것입니다. 이를 보완하기 위해 글 자체의 경험과 정보성을 분석해 랭킹에 반영하는 로직이 있습니다. 바로 D.I.A 로직입니다. D.I.A 로직 덕분에, 블로그를 막 개설했다고 해도 하나의 글을 잘 작성하면 얼마든지 상단에 노출될 수 있습니다.

D.I.A(다이아, Deep Intent Analysis)란, 네이버의 데이터를 기반으로 키워드별로 사용자들이 선호하는 글에 대한 점수를 랭킹에 반영한 모델입니다. D.I.A에는 글의 주제 적합도, 경험 정보, 정보의 충실성, 글의 의도, 상대적인 어뷰징 척도, 독창성, 적시성 등의 여러 요인들이 복합적으로 반영됩니다.

D.I.A에 반영되는 요소들은 매일 변화하는 데이터에 대해 딥러닝을 통해 품질요소와 기준값이 업데이트된 후, 정규화된 점수로 환산되어 랭킹 로직에 주기적으로 자동 반영됩니다.

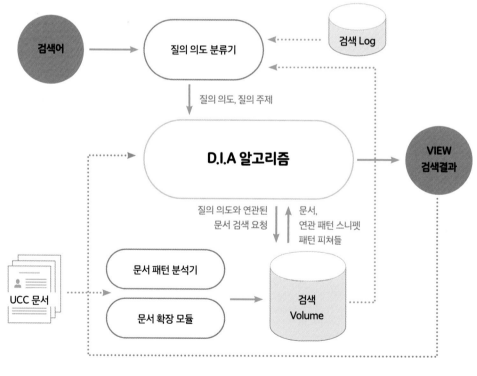

[D.I.A 알고리즘]

D.I.A가 적용되면 검색 사용자에게 도움이 되는 작성자의 후기나 좋은 정보가 많은 글이 좀 더 상위에 노출될 수 있습니다. 검색어에 따라 시점, 글이 써진 날짜에 더 민감하게 반응하기도 합니다. 이런 점 덕분에 D.I.A와 C-Rank는 서로를 상호 보완하여 더 신뢰할 수 있는 글을 상위 랭킹화 하는 데 효과적으로 작용합니다.

D.I.A가 적용된 결과를 통계적으로 분석하면, C-Rank가 높은 블로거들은 대체적으로 D.I.A 점수 또한 높은 글을 생산하고 있는 것으로 드러나고 있습니다.

NOTE

자주 묻는 질문 *D.I.A에 대해*

Q1. D.I.A가 적용되면 검색 결과에 노출되는 글의 최신성 점수가 많이 떨어지는 것 아닌가요?

A. 어뷰징성 글이 아닌 이상 최신성 점수가 떨어지지는 않습니다. 다만 무조건 최신성을 중요시 여기기보다는 최신성과 신뢰성을 동시에 판단합니다. 이때 최신성보다 신뢰 글에 대한 점수가 높습니다.

Q2. 소소한 글쓰기가 저에게는 기쁨인데요. 어떻게 하면 검색결과 상단에 노출될 수 있을까요?

A. 네이버의 학습 데이터에 의하면 실제 경험한 체험기, 누구나 선호할 만한 상세한 정보, 특정 분야의 깊이 있는 의견 등을 좋아하는 것으로 보입니다. 하나의 글을 작성할 때 가능하면 연관성 있는 정보를 상세하게 작성하면 D.I.A 점수가 높아져서 상단에 노출될 확률이 높습니다.

Q3. 매일 작성하면 제 글이 오히려 불이익을 받게 되나요?

A. 글을 쓰는 주기와는 전혀 상관이 없습니다. D.I.A는 글에 담겨 있는 정보가 사용자들이 선호하는 정보인지를 판단하는 것입니다.

2 마케팅 글쓰기를 위한 6가지 고려사항

마케팅 글을 잘 쓰기 위해서는 앞에서 이야기한 알고리즘에 대한 이해와 더불어 유입 전략, 오래 머무르게 하는 방법, 글에 대한 흥미도 등 많은 부분을 미리 고려해야 합니다. 그중 가장 중요한 6가지 고려사항에 대해 말씀드리겠습니다. 마케팅 글이 특히 고려해야 할 사항이 많은 이유는 마케팅 글쓰기는 브랜드 인지도 및 회사의 매출과 직접 연결되어 있기 때문입니다. 글에 의해 회사에 대한 이미지가 달라질 수도 있기에 그만큼 고려사항도 많은 것입니다.

고려사항	해결 방법
① 누가 읽을 것인가?	명확하고 알맞은 타깃 설정
② 해당 분야의 내용을 지속적으로 발행할 수 있는가?	C-Rank 이용
③ 사용자의 경험을 녹여 성실하게 작성할 수 있는가?	D.I.A 이용
④ 유입 전략은 있는가?	검색 키워드, 섬네일 이용
⑤ 셀링 포인트는 있는가?	이탈 방지로 체류시간 늘리기
⑥ 사진은 어떻게 촬영하고 등록할 것인가?	구매 매력도를 높이는 사진

'① 누가 읽을 것인가?'는 제품 및 회사의 서비스를 이용할 타깃을 생각하는 항목입니다.

'② 해당 분야의 내용을 지속적으로 발행할 수 있는가?' 항목은 글을 쓰는 분야에 대해 지속적으로 글을 발행하면 C-Rank 점수를 잘 받을 수 있습니다.

'③ 사용자의 경험을 녹여 성실하게 작성할 수 있는가?' 항목은 한 편의 글을 쓰더라도 생생한 경험을 바탕으로 정보를 다각도에서 성실하게 제공한다면 D.I.A 점수를 잘 받을 수 있습니다.

'④ 유입 전략은 있는가?' 항목에서는 키워드 분석과 클릭을 유도하는 섬네일 제작을 잘하면 유입을 늘릴 수 있습니다.

'⑤ 셀링 포인트는 있는가?' 항목에서는 글 내용에 독자가 원하는 서비스 및 가치를 잘 담고, 사진, 영상 등을 활용하여 글을 읽는 시간을 늘리는 방법을 사용합니다.

'⑥ 사진을 어떻게 촬영하고 등록할 것인가?' 항목에서는 구매 매력도를 높이기 위해 사용자가 궁금해할 포인트는 어디인가를 생각하고 디테일 컷을 찍는 노력을 합니다.

③ 마케팅 글쓰기 4단계

지금부터 소개하는 마케팅 글쓰기 4단계를 잘 실천하면 마케팅 글쓰기의 목적인 소비자가 누구인지 명확히 이해하고 홍보가 구매로 이어지게 할 수 있습니다.

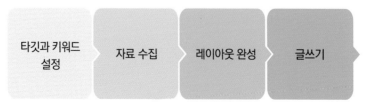

타깃과 키워드 설정 〉 자료 수집 〉 레이아웃 완성 〉 글쓰기

마케팅 글쓰기 4단계

타깃과 키워드 설정에서는 글을 누가 읽을 것인가와 어떤 키워드로 검색할 것인가에 대해 분석합니다. 자료 수집 단계에서는 쓰려고 하는 제품 및 회사에 대한 정보와 관련 자료를 수집합니다. 그리고 레이아웃 단계에서 본문의 흐름을 정한 다음, 글쓰기 단계를 거쳐 한 편의 글을 완성합니다.

① 타깃과 검색 키워드 설정

타깃 설정 단계에서는 해당 글을 누가 읽을 것인가를 정합니다. 이 과정에서 다양한 데이터 분석 툴을 사용하는 것을 추천합니다. '나의 경험과 생각'+'데이터 분석 결과'로 방향을 올바르게 잡는 것이 오차를 줄이는 방법입니다. 데이터 분석 시 제일 좋은 방법은 내가 글로 쓰려는 제품과 유사한 제품을 검색해 보는 것입니다.

사과를 팔려고 하여 아이 간식으로 좋은 사과에 관련된 글을 쓴다고 가정해 보겠습니다. 그렇다면 사과 홍보글을 쓴 다른 블로거들의 글을 분석하여 어떤 단어를 조합한 글을 썼는지를 확인합니다. 이때 검색어로는 사과와 같이 너무 큰 범주의 단어를 검색하지 말기 바랍니다. 내가 쓰려는 주제는 '아이 간식으로 좋은 사과'라는 좁혀진 주제이기 때문에 관련 글 중심으로 검색 결과가 나타나야 합니다. '사과'를 검색하면 아이와 관련된 결과보다도 나에게는 상관 없는 결과가 더 많이 나올 것입니다. 그러니 내가 쓰려고 하는 글 주제와 맞게 키워드를 조합하여 검색합니다.

예시를 통해 더 자세히 알아보겠습니다. 아래의 검색 결과는 '사과 아이'를 검색한 결과입니다. 아이라는 키워드가 추가되었을 뿐이지만 내가 쓰려고 하는 글의 핵심 키워드들이기 때문에 글이 더 필터링되어 원하는 결과들이 나온 것을 볼 수 있습니다.

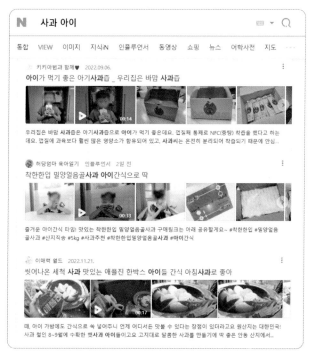

사과 아이 검색 결과

검색된 글들을 읽어 보면 대개 아이에게 사과를 간식으로 주기 위해서 구매한 부모님이 쓴 글이라는 점을 알 수 있을 것입니다. 사과를 구매하여 먹은 경험을 공유하고 있는 글을 보면 사과를 구매하거나 구매할 사람들은 누구이고 구매한 제품을 어떻게 활용하고 있는지를 알 수 있습니다.

제품	글을 읽을 사람	검색어	글을 통해 얻고 싶은 정보
사과	어머니, 아버지	사과, 꿀사과, 아이간식	아이들도 잘 먹는 사과 품질과 맛이 좋은 사과 간식으로 먹기 좋은 사과 아침에 간편하게 먹을 수 있는 사과

타깃과 키워드 작성 표

이번에는 치즈볼을 예로 들어, 자동완성 키워드를 활용하는 방법도 연습해 보겠습니다. 네이버 검색 창에 아래와 같이 치즈볼을 입력하면 자동완성되는 단어가 나옵니다. 이 단어들은 치즈볼을 검색하는 사용자들이 많이 검색한 단어입니다. 선호하는 키워드가 무엇인지를 알 수 있는 대목입니다.

위 자동완성 키워드 중에 눈에 들어오는 키워드를 정리해 봅니다.

| 키워드 |
#치즈볼 #치즈볼 만들기 #고구마치즈볼 #아기치즈볼

그다음, 자동완성 키워드를 기준으로 글쓰기 방향을 정해 봅니다.

홍보해야 하는 제품	글쓰기 방향
치즈볼	① 치즈볼에 대한 글만 쓴다. ② 자동완성에 뜨는 고구마 치즈볼에 대한 글도 함께 쓴다.

이후 검색을 통해 주제(치즈볼)를 다룬 다른 글을 분석합니다. 분석 포인트는 3가지입니다. ❶ <u>사용자는 어떤 키워드로 검색할까?</u> ❷ <u>누가 검색할까?</u> ❸ <u>제품을 찾는 이유는 무엇일까?</u>입니다. 치즈볼의 경우 아이 간식을 찾는 부모님의 검색일 확률이 높습니다. 그럼 타깃은 엄마 아빠가 될 것이고 관련 키워드는 아이 간식과 연관성 있는 키워드여야 합니다.

② 자료 수집

글을 읽을 대상이 누구인지 정했고, 나의 글을 읽는 이유도 분석했다면 이제는 자료 수집을 합니다. 자료 수집 단계에서는 제품에 대한 정보, 사진, 동영상 등 다양한 자료를 되도록 거르지 않고 수집합니다.

자료 수집 전에 구매 포인트를 분석할 수 있다면 좋지만 낯선 제품에 대해 쓰거나, 글쓰기 경험이 많지 않은 경우라면 어려운 일입니다. 하지만 이때도 내 제품과 경쟁할 제품들의 블로그 소개글 등을 보면 어떤 부분을 강조하는지, 본문의 구성은 어떤지, 사진에서는 어떤 점이 도드라지는지 등을 충분히 파악할 수 있습니다. 자료 수집 단계에서는 크게 아래 표와 같이 6가지 항목을 수집해야 합니다. 최대한 많은 자료를 수집하면 좋지만 자료 수집이 어려운 상태라면 최소한 상품 사진과 정보는 준비해야 글을 쓸 수 있습니다.

구분	블로그 글 내용
상품 정보	제품 표기 사항 및 정보 수집
구매 포인트	·구매력을 당길 만한 요소 분석 ·핵심 문장 만들기 ·제품을 돋보이게 만들 수 있는 부분을 체크하여 상품 촬영
상품 사진	·10장 이상 ·다양한 구도로 촬영
동영상	1개 이상 촬영
이벤트	있으면 좋으나 필수 요소는 아님
링크	랜딩 페이지(상품 제조 회사의 홈페이지, 쇼핑몰, 상품 링크, 이벤트 페이지 링크)

6가지 자료 수집 항목

치즈볼에 대해 자료 수집을 하면 다음과 같이 정리할 수 있습니다.

구분	내용
상품 정보	성분, 구성, 인증 등 제품에 표기된 기본 정보 정리 **제품명** 모짜 치즈 찰볼 완제 　　**업소명 및 소재지** (주)밸리푸드/경기도 이천시 신둔면 원적로 159번길 51 **내용량** 600g (30g×20입) / 2,300kcal 　　**유통기한** 별도 표기일까지 (-18°c 이하 보관) **식품유형 빵류** 빵류(가열하여 섭취하는 냉동식품) **원재료명 및 함량** 자연치즈24.1%[자연치즈99%[모짜렐라치즈100%(외국산),살균우유,배양액,정제소금,우유응고효소],분말셀룰로스],혼합제제1[변성전분,설탕,탈지분유(우유)],밀가루[밀:미국산,호주산],기타가공품[곡류가공품(밀:미국산),소맥분(밀:미국산,호주산],쇼트닝,옥수수전분,재제소금],식물성오일[팜유,토코페롤(혼합형)],마가린[팜유,에스테르화유(팜스테아린유,야자유),팜핵경화유,팜올레인유,혼합전지분],혼합제제[히드록시프로필인산이전분(타피오카),파우더슈가],설탕,가당연유,대두유,메틸셀룰로오스,정제소금,유화제 **원산지** 모짜렐라치즈(외국산:미국,독일,호주등),밀(미국,호주산),기타가공품 [곡류가공품(밀:미국산),소맥분(밀:미국,호주산)] **모짜 치즈 찰볼 완제** 1개당 　　1일 영양성분 기준치에 대한 비율 총 내용량 (g) 600 g 열량 (kcal) 115 kcal 나트륨 (mg) 70 mg / 4% 탄수화물 (g) 13 g / 4% 당류 (g) 1 g / 1% 지방 (g) 6 g / 11% 트랜스지방 (g) 0 g / 0% 포화지방 (g) 3 g / 20% 콜레스테롤 (mg) 4 mg / 1% 단백질 (g) 2 g / 4% 1일 영양성분 기준치에 대한 비율(%)은 2000kcal 기준이므로 개인의 필요 열량에 따라 다를 수 있습니다.
구매 포인트	- 겉은 바삭하고 속은 쫀득한 치즈볼 - 빵 속에 모차렐라 치즈가 가득 - 100% 자연 모차렐라 치즈 - 에어프라이어로 가능한 간편 요리
상품 사진	

동영상	에어프라이어 간편 조리 과정 영상
이벤트	구독 이벤트 : 구독 서비스를 이용하면 할인된 가격으로 제품을 받을 수 있는 이벤트
링크	홈페이지 링크(https://www.bellie.co.kr)

예 : 치즈볼 상품에 대한 자료 수집

이 외에도 수집할 수 있는 자료는 충분히 수집합니다. 좋은 자료라도 작성하는 과정에서 빼야 하는 경우가 많이 있기 때문에 자료가 많이 수집되어 있지 않다면 글을 쓰다가 자료 수집 단계로 다시 돌아가야 하는 경우가 자주 발생합니다. 자료를 수집하는 데 시간을 최대한 많이 투자하고 글을 쓸 때는 최대한 정리하면서 핵심에만 집중하는 과정을 거칩니다.

③ 레이아웃 완성

레이아웃은 글을 쓰기 전에 본문의 흐름을 미리 잡아 보는 과정입니다. 흐름을 잡을 때 가장 중요한 포인트는 제목에 들어간 내용에 대한 궁금증을 본문의 상단에서 해결해 줘야 한다는 점입니다. 보통은 검색 결과로 나온 제목을 보고 내용에 대한 궁금증이 생겨 블로그에 방문합니다. 이때 제목에서 궁금증을 유발한 내용이 상단에서 바로 나오지 않고 다른 이야기가 길어질 경우 이탈할 확률이 커집니다. 때문에 상단은 제목에서 갖는 기대감을 이어 갈 수 있도록 작성해야 합니다. 다음의 본문에서는 독자가 갖고 있는 문제의 해결 방법, 독자가 듣고 싶은 이야기, 제품의 편리성 등 핵심 내용을 세일즈 카피, 이미지, 동영상을 동원하여 최대한 쉽게 전달할 수 있도록 구성합니다.

제목		클릭을 유도하는 제목, 흥미를 갖게 하는 제목	
글	상단	본문 글의 시작은 제목에서 갖는 기대를 유지할 수 있는 글로 시작	
	본문	독자가 갖고 있는 문제 해결	세일즈 카피 이용, 다른 사람의 구매 후기가 있다면 후기 정리, 사진과 동영상을 활용하여 최대한 쉽게 쓰고 링크를 추가
		독자가 궁금해하는 사항	
		제품의 편리성	
		제품 관련 링크	
	하단	이벤트 및 고객에게 강조하고 싶은 내용을 다시 한번 정리하며 마무리	

글의 레이아웃 구성

④ 글쓰기

마지막으로 수집한 자료와 레이아웃에 맞게 글을 작성합니다. 레이아웃 설정이 잘 되어 있으면 어렵지 않게 쓸 수 있습니다. 예시로 2개의 블로그를 보여 드리겠습니다. 저에게 배워 꾸준히 블로그를 운영하고 있는 분들의 블로그입니다. 이 외에도 좋아하는 블로그가 있거나 지금 쓰려고 하는 글과 관련성 있는 블로그가 있다면 그 분들의 스타일을 차용해도 좋습니다.

1.

블로그 이름 : 해름

블로그 주소 : https://blog.naver.com/rlagusrhd

목적 : 함평에서 농산물을 판매하고 홍보하는 용도로 블로그 글쓰기를 하고 있습니다.

레이아웃 구성 : 본문 4단 구성 사용(홍보 배너-글-사진-상품 링크)

효과 : 상세한 글과 사진을 통해 제품에 대한 정보를 얻고 하단에 있는 상품 구매 링크를 클릭하게 됩니다.

해름 건나물 꾸러미

해름 건나물 꾸러미 상품을 소개해 주신 생일농 농장의 김선용 대표와 농협발조합의 김원종 대표.

해름 농산물 꾸러미 : 해름
[해름] 자연을 담은 자연을 담은 HaeReum
smartstore.naver.com

2.

블로그 이름 : 라이프패셔너 제이나

블로그 주소 : https://blog.naver.com/yuriji44

목적 : 여행을 좋아하며, 독서와 맛집 탐험에 대한 글과 사진을 아름답게 표현하고 있습니다.

레이아웃 구성 : 본문 3단 구성 사용(사진-글-영상)

효과 : 사진으로 소개하려고 하는 곳에 대한 관심도를 높이고, 글로 상세한 정보를 제공한 후에 동영상을 첨부하여 체류 시간을 늘립니다.

분위기가 미국의 캐주얼 레스토랑 느낌이 확 나요

매장 인테리어가 이국적인 분위기예요
분위기도 음식점을 선택하는데 중요한 요소인데 파스타 하우스는 매장이 예뻐서 맘에 들어요
데이트할 때 와도 좋을 거 같아요

04 블로그 글쓰기 메뉴 익히기

이제는 블로그 글쓰기 메뉴들을 익혀 보겠습니다. 블로그 홈 화면에서 [글쓰기]를 클릭하면 많은 메뉴가 나옵니다. 글쓰기 메뉴를 확실히 익혀 놓으면 다양한 기능을 활용하여 디자인적으로 멋지게 표현할 수 있습니다. 메뉴 하나하나 같이 사용해 보겠습니다.

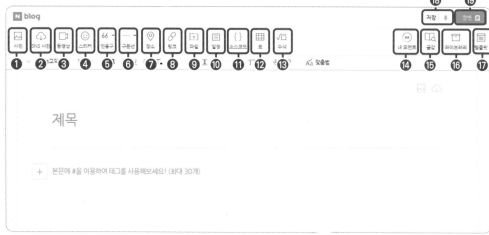

❶ 사진 : 글에 사진을 추가할 때 사용하는 메뉴입니다. [사진] 메뉴를 누르면 사진을 불러올 수 있는 화면이 열리며 사진을 선택하면 본문에 적용됩니다.

❷ SNS 사진 : 네이버 마이박스, 페이스북, 인스타그램에 연결하여 사진을 가져오는 기능입니다.

❸ 동영상 : 일반 동영상과 360VR 동영상을 추가할 수 있습니다. 동영상 파일은 최대 10개, 파일의 용량은 1GB/15분까지 업로드 가능합니다. [동영상 추가]를 클릭하여 동영상을 불러오고 제목과 정보, 태그를 입력하는 화면에 내용을 입력하고 [완료]를 클릭하면 내용에 동영상이 추가됩니다.

동영상 업로드 옵션 화면

❹ 스티커 : 내용 전달력과 재미를 높여 주는 스티커를 추가할 수 있습니다. 스티커 메뉴를 클릭하면 다양한 스티커가 나옵니다. 그중에 하나를 클릭하면 등록이 됩니다.

스티커 리스트   등록된 모습

❺ 인용구 : 인용구는 글을 인용했음을 나타낼 때 사용하는 기능입니다. 인용구 중에 따옴표를 클릭한 경우 내용 창에 따옴표가 들어간 것을 볼 수 있습니다. 아래는 찰리 채플린의 명언을 입력한 결과입니다. 인용구를 표시할 때뿐만이 아니라 특정 문구를 강조하기 위해 사용할 수도 있습니다.

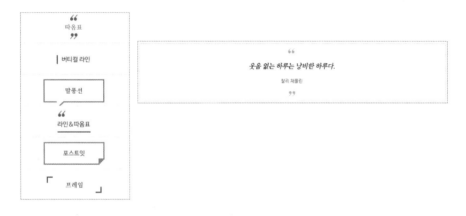

❻ 구분선 : 글을 쓰는 과정에서 내용 간의 구분이 필요할 때 사용하는 메뉴입니다. 입력한 구분선을 변경하고 싶을 때는 구분선을 클릭하면 구분선을 선택할 수 있는 메뉴가 나옵니다. 메뉴 중에서 변경하고 싶은 구분선을 선택하면 변경됩니다.

❼ 장소 : 글에 지도를 추가할 때 사용하는 메뉴입니다. 장소를 클릭한 후에 원하는 장소를 검색하고 [확인]을 클릭하면
내용에 장소가 추가됩니다.

❽ 링크 : 글에 인터넷 홈페이지 주소를 연결할 때 사용하는 메뉴입니다. 네이버 주소를 입력해 보면 글에 네이버 주소
로 이동할 수 있는 [링크]가 생성되는 것을 볼 수 있습니다.

❾ 파일 : 블로그 글에 파일을 추가할 수 있습니다. 파일의 최대 용량은 10MB입니다. 블로그 운영 계획표 작성하기 파
일을 추가해 보았습니다. 블로그에 방문한 사람들이 파일을 다운로드받아 쓸 수 있습니다.

⑩ 일정 : 블로그 글에 일정을 공유할 수 있습니다. 제목과 시작 일시, 장소, URL 주소 및 상세 내용을 입력할 수 있어 모임이 있거나 개인적인 계획 등을 정리할 때 좋은 기능입니다.

⑪ 소스 코드 : 블로그에 소스 코드를 입력할 때 사용합니다. [흰색 배경], [회색 가로줄 배경], [어두운 배경] 3가지 방식이 있습니다.

흰색 배경

회색 가로줄 배경

어두운 배경

⑫ 표 : 블로그 글에 표를 추가할 때 사용합니다.

⑬ 수식 : 블로그에 수식을 입력할 때 사용합니다.

⑭ 내 모먼트 : 모바일에서 블로그 모먼트를 활용하여 제작한 파일이 내 모먼트 안에 저장됩니다.

⑮ 글감 : 사진, 책, 영화, TV, 공연 등 관련 자료를 추가할 때 사용합니다.

⑯ 라이브러리 : 블로그 글쓰기를 하며 글감에서 사용한 이미지 파일이 라이브러리에 저장됩니다.

⑰ 템플릿 : 네이버에서 미리 만들어 놓은 레이아웃을 모아 놓은 메뉴입니다. 협찬, 리뷰, 여행, 지식, 일기, 순위, 영화, 뷰티, 육아 등 다양한 템플릿을 제공하고 있습니다.

⑱ 저장 : 블로그에 작성한 글을 저장합니다. 발행한 것은 아니므로 다른 사람들에게는 보이지 않고 운영자만 볼 수 있으며, 수정하여 발행할 수 있습니다.

⑲ 발행 : 블로그 글을 모두 작성한 후에 카테고리, 주제, 공개 설정 및 태그를 입력하고 발행합니다.

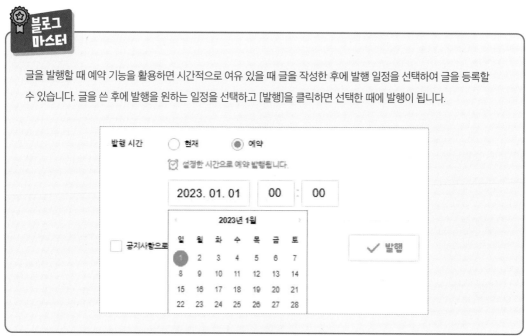

글을 발행할 때 예약 기능을 활용하면 시간적으로 여유 있을 때 글을 작성한 후에 발행 일정을 선택하여 글을 등록할 수 있습니다. 글을 쓴 후에 발행을 원하는 일정을 선택하고 [발행]을 클릭하면 선택한 때에 발행이 됩니다.

글 편집 기능 익히기

글 작성 시에는 글과 사진의 조화, 제목의 크기, 색상 등 전체 흐름을 운율감 있게 표현하는 요소들이 많습니다. 그 요소들을 고려해야 한다고 말했었죠. 지금부터는 그 요소들을 구현할 수 있는 기능 중심으로 살펴보겠습니다.

① 정렬 기능 및 구분선, 스티커 활용

01 블로그 홈에서 [글쓰기]를 클릭하면 내용을 입력할 수 있는 창으로 이동합니다. 일단 제목과 본문을 원하는 내용으로 입력합니다.

NOTE

책에서 예시로 작성한 글을 이용하고 싶다면 혜지원 홈페이지(www.hyejiwon.co.kr)의 자료실에서 글을 다운로드받아 이용하세요. 다른 글을 이용해도 좋습니다.

02 전체 글을 선택한 후에 가운데 정렬을 합니다.

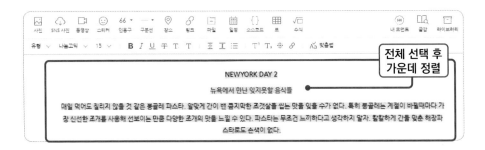

03 해당 문장의 스타일을 다음과 같이 바꿔 봅니다.

> NEWYORK DAY 2 : 나눔고딕, 15pt, 진하게(B), 색깔 #0095e9
>
> 뉴욕에서 만난 잊지 못할 음식들 : 나눔고딕, 34pt, 진하게(B)

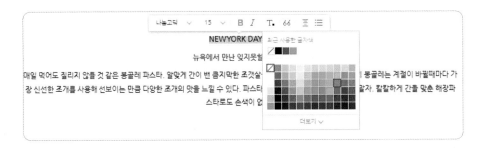

04 구분선을 추가합니다. [구분선]을 클릭한 후 구분선 5를 클릭합니다.

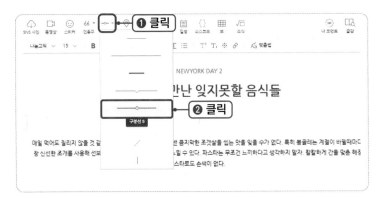

05 [스티커] 메뉴를 클릭한 후에 오른쪽에 나오는 스티커 항목에서 원하는 스티커를 클릭합니다.

② 머리 글자와 글자 배경색 적용

01 미리 작성해 둔 문단의 앞에 커서를 놓은 상태에서 [머리 글자 적용] 메뉴를 클릭하면 머리글이 적용됩니다.

02 배경색을 적용할 내용을 선택한 후에 메뉴에서 [글자 배경색 변경] 메뉴를 클릭하면 배경색이 적용됩니다.

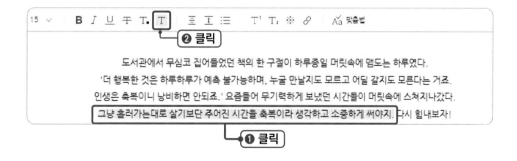

블로그 소개

블로그 기초

블로그 개설

블로그 디자인

블로그 글쓰기

이웃 관리와 홍보

블로그 마켓

③ 표 활용

01 이번에는 표를 넣어 보겠습니다. 메뉴에서 [표] 메뉴를 클릭합니다.

02 3개의 열 중에 한 열만 남겨 놓고 모두 지우기 위해 오른쪽 6개 칸을 드래그하여 선택하면 자동으로 표에 관한 옵션이 나옵니다. 해당 메뉴에서 [삭제]를 클릭합니다.

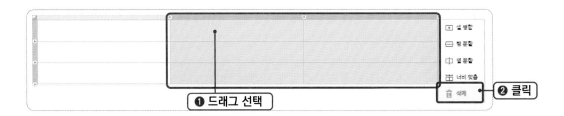

03 이번에는 아래 2칸을 지우기 위해 드래그하여 선택하고 자동으로 나오는 메뉴에서 [삭제]를 클릭합니다.

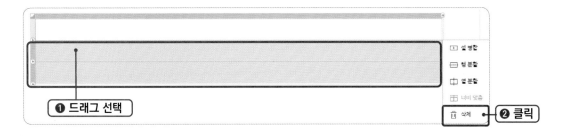

04 칸 속에 내용을 입력하고 크기 조절을 합니다.

④ 이미지와 문장 정렬

01 이미지를 추가하고 내용을 입력합니다.

02 추가한 이미지를 선택하고 [문단 내 배치 열기] 메뉴를 클릭한 후에 [내부 좌측 정렬]을 클릭합니다. [문단 내 배치 열기]는 문단과 선택한 사진을 정렬할 때 쓰는 기능입니다. [내부 좌측 정렬]을 선택하면 문단의 왼쪽으로 사진이 가고 [내부 우측 정렬]을 선택하면 오른쪽으로 사진이 갑니다.

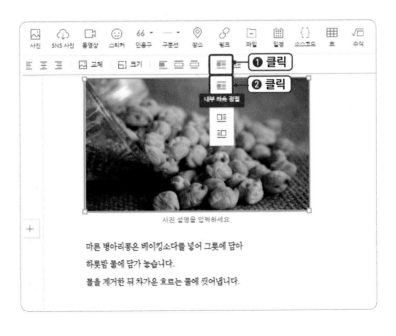

03 또 다른 이미지와 내용을 삽입합니다. 이번에는 [내부 우측 정렬] 기능을 활용하여 오른쪽으로 이미지를 정렬하고 글씨 크기 및 색상을 조절하여 아래와 같이 완성합니다.

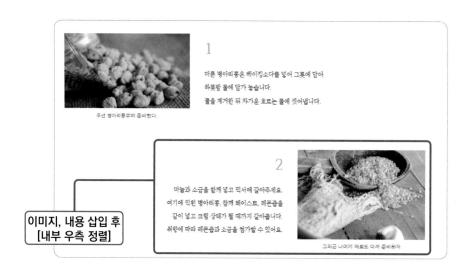

⑤ 사진 레이아웃 설정

01 [사진] 메뉴를 클릭합니다. 사진 레이아웃 설정 시에는 개별사진, 콜라주, 슬라이드 기능을 활용하여 사진을 다양한 형태로 등록할 수 있습니다.

아메리카노의 맛은 에스프레소에 쓰이는 원두와 물의 양에 따라 천차만별이다

아메리카노는 에스프레소에 물을 넣어 연하게 마시는 커피이다. 적당량의 뜨거운 물을 섞는 방식이 연한 커피를 즐기는 미국에서 시작된 것이라 하여 '아메리카노'라 부른다. 우리나라에서도 가장 인기 있는 메뉴 중 하나이다.

슬라이드 유형 사진 구성

Newyork Time Square 2017

콜라주 유형 사진 구성

실껀! 글 등록하기

핵심 메뉴를 앞에서 모두 살펴보았습니다. 사용자에 따라 활용하는 메뉴가 다르기는 하지만 공통적으로 가장 많이 사용하는 메뉴를 종합하여 활용해서 블로그에 글을 등록해 보겠습니다. 131p에서 최종 완성한 글을 등록해 봐도 되고 다른 글을 등록해도 됩니다.

블로그에 글을 등록할 때 저는 기본 텍스트를 먼저 다 입력하고 추가적인 편집을 하는 편입니다. 텍스트를 먼저 씀으로써 글을 쓰는 목적을 분명히 할 수 있고, 다시 읽어 보며 오타 수정 및 새로운 내용 추가를 할 수도 있기 때문입니다. 텍스트를 먼저 입력하고 사진, 영상 등 추가적으로 필요한 자료 편집을 하면 시간 절약도 됩니다. 물론 이 방법이 아니어도 괜찮습니다. 여러분도 시간이 조금 지나면 나름의 방법을 찾을 것입니다. 이번 연습과 같은 글 등록하기 과정을 반복하면 자주 사용하는 기능에 대해 확실히 이해하고 활용 능력이 생길 것입니다.

01 글과 제목을 다음과 같이 입력합니다.

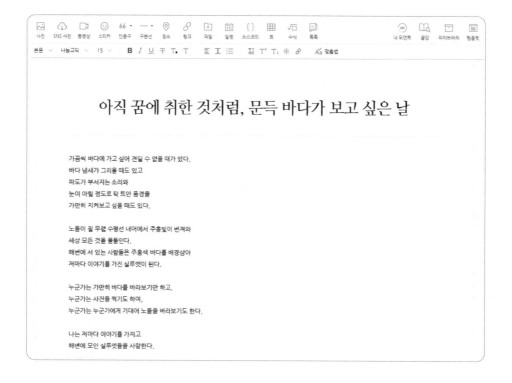

02 제목 배경에 사진을 넣기 위해 제목에 마우스를 올리면 사진을 추가할 수 있는 [이미지] 버튼이 나옵니다. [이미지] 버튼을 클릭합니다.

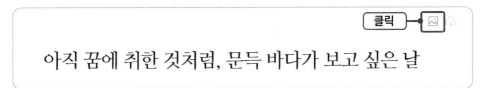

03 제목의 배경으로 사용하고 싶은 이미지를 선택하고 [열기]를 클릭합니다.

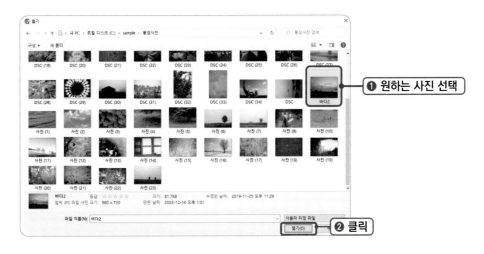

04 배경 이미지가 들어갔습니다. 배경 이미지의 위치를 변경하고 싶다면 [위치이동]을 클릭하여 사진의 위치를 변경합니다.

05 [인용구] 메뉴를 클릭합니다. 여기서 인용구는 본문 상단 문구를 꾸미는 용도로 사용하겠습니다.

06 따옴표 안에 내용을 입력합니다. 글씨 크기도 어울리게 조절합니다.

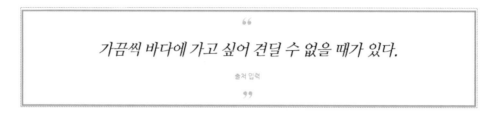

07 이미지를 추가하기 위해 [사진] 메뉴를 클릭합니다.

08 본문에 삽입하려고 하는 사진을 선택하고 [열기]를 클릭합니다.

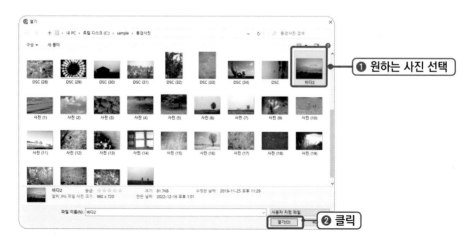

09 본문에 사진이 삽입되었습니다.

10 사진을 원형으로 변경하기 위해 사진 편집 기능을 통해 원형 마스크를 적용합니다. 사진을 클릭하면 나오는 메뉴 중 [사진편집]을 클릭합니다.

블로그 소개

블로그 기초

블로그 개설

블로그 디자인

블로그 글쓰기

이웃 관리와 홍보

블로그 마켓

11 스마트에디터 이미지 편집 창이 나옵니다. 이미지 편집 창에서 [마스크]를 클릭합니다.

12 다양한 마스크 종류가 나옵니다. 원형을 적용하기 위해 [원형]을 클릭합니다. 원형 모양이 적용되면 배경 사진을 움직여서 원형 안에 드러나게 하고 싶은 위치를 맞춥니다. 원하는 위치를 설정했으면 [적용]을 클릭합니다.

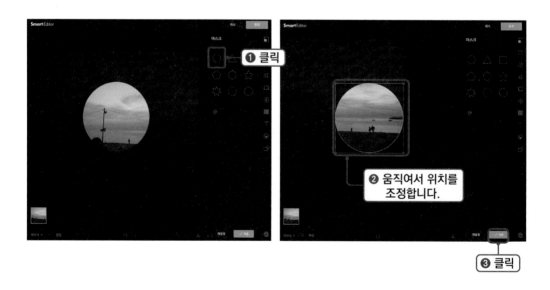

13 [완료]를 클릭하면 해당 이미지가 삽입됩니다.

클릭

14 이미지의 크기를 조절합니다. 이미지를 클릭하면 나오는 상자를 드래그하여 크기를 조절할 수 있습니다.

드래그하여 크기 조절

블로그 소개

블로그 기초

블로그 개설

블로그 디자인

블로그 글쓰기

이웃 관리와 홍보

블로그 마켓

15 이미지와 본문을 정렬하기 위해 이미지를 선택한 후에 [문단 내 배치 열기]를 클릭합니다.

16 [내부 좌측 정렬]을 클릭합니다. 이미지가 좌측으로 가고 다음 문장이 이미지의 오른쪽에 나오는 것을 볼 수 있습니다.

17　앞에서 이미지를 불러왔던 것처럼 이미지를 한 장 더 추가합니다. 다른 사진을 가져와도 되고 같은 사진을 가져와도 됩니다. 마스크 기법으로 동일한 사진에서 각각 다른 노출 위치를 선택하면 새로운 느낌이 듭니다. 저는 같은 사진을 가져와서 다른 부분을 마스크로 설정해 보겠습니다.

18　[마스크] 메뉴를 클릭한 후에 [원형]을 선택하고 새로운 위치를 선택합니다. [적용]-[완료]를 클릭합니다.

❶ 이미지 조정 후 [적용]-[완료] 클릭

❷ 다른 부분을 보여주는 이미지가 삽입되었습니다.

19 이번에는 [본문 내 배치 열기] 메뉴를 클릭한 후에 [내부 우측 정렬]을 선택합니다. 사진이 오른쪽으로 이동합니다. 이미지와 어울리도록 이미지 옆에 있는 문단을 오른쪽 정렬합니다.

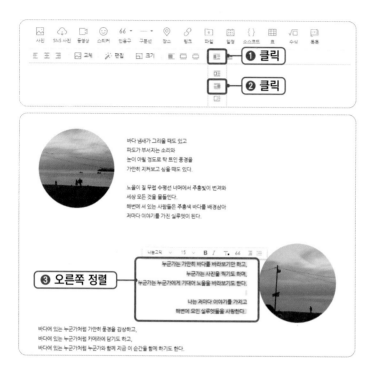

20 글씨 크기 및 색상 등을 수정하여 해당 문단에 대한 편집을 마무리합니다.

21 다음 문장 시작 위치에 구분선을 입력하기 위해 [구분선] 메뉴를 클릭한 후에 점으로 되어 있는 구분선을 선택합니다.

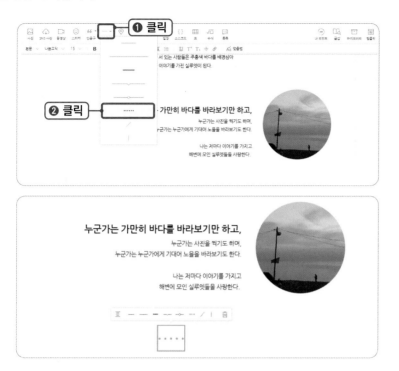

22 다음 문단도 원하는 글씨 스타일로 수정하고, 새로운 이미지를 추가합니다.

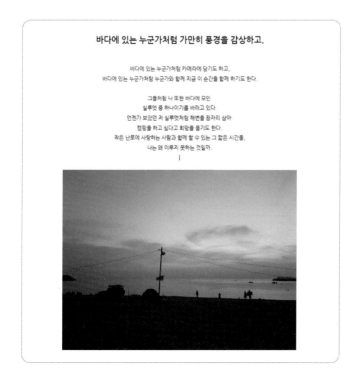

블로그 소개

블로그 기초

블로그 개설

블로그 디자인

블로그 글쓰기

이웃 관리와 홍보

블로그 마켓

23 이번에는 동영상을 추가하기 위해 [동영상] 메뉴를 클릭합니다.

24 [일반 동영상] 메뉴에서 [동영상 추가]를 클릭합니다.

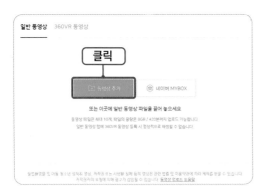

25 본문에 삽입할 동영상을 선택하고 [열기]를 클릭합니다.

26 동영상에 대한 기본 정보를 입력하고 [완료]를 클릭합니다. 본문에 동영상이 삽입됩니다.

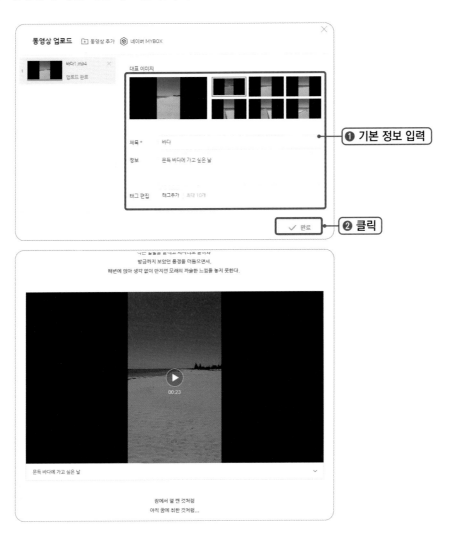

27 스티커 기능을 활용하여 작성하는 내용과 어울리는 스티커도 추가합니다.

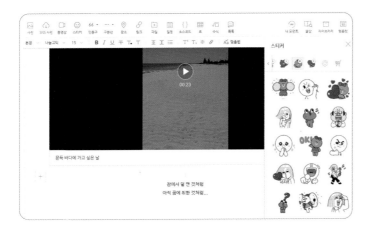

블로그 소개

블로그 기초

블로그 개설

블로그 디자인

블로그 글쓰기

이웃 관리와 홍보

블로그 마켓

28 제공할 만한 추가 정보가 있다면 마무리 단계에서 추가 정보를 제공합니다. 저는 장소 정보를 제공하려고 합니다. [장소] 메뉴를 클릭한 다음, 원하는 장소를 검색하여 위치를 삽입합니다.

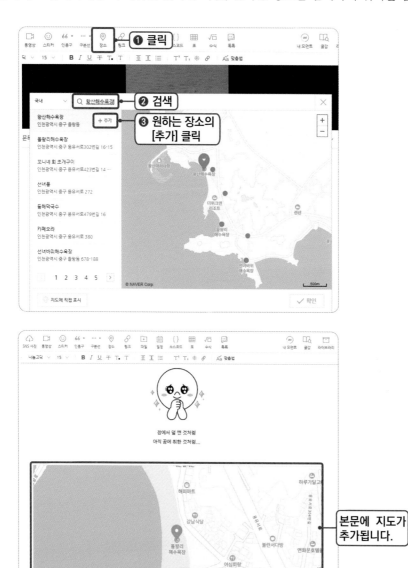

29 글을 발행하기 위해 [발행]을 클릭한 후에 카테고리, 주제, 공개 설정, 발행 설정 및 태그를 입력하고 [발행]을 클릭합니다. 글이 등록됩니다.

블로그 소개

블로그 기초

블로그 개설

블로그 디자인

블로그 글쓰기

이웃 관리와 홍보

블로그 마켓

📋 **NOTE**

〔자주 묻는 질문〕 *본문 안의 해시태그*

Q. 글 안에서 #해시태그를 다는 경우도 많은데 이렇게 하는 이유와 별도의 효과가 있는 것인지 궁금합니다.

A. 만약 글을 작성할 때 해시태그를 달아 놓았다면 글 발행 시 자동으로 태그 편집 창에 해당 태그가 등록됩니다. 이렇게 하면 태그를 별도로 등록하지 않아도 되어 편리하며 중간중간에 관련 키워드가 해시태그로 달려 있으니 가독성에도 도움이 될 수 있습니다. 하지만 너무 많이 사용하면 몰입도를 떨어뜨릴 수 있으니, 한 문단에 하나 정도 사용하는 것을 추천합니다. 글 중간중간에 태그를 쓰는 것과 태그 편집 창에 태그를 쓰는 것 모두 검색에 미치는 영향은 동일합니다.

이렇게 파트 5에서는 글 하나를 직접 작성하여 등록까지 해 봤습니다. 다시 한번 말씀드리지만, 처음에는 일기장에 나의 이야기를 쓰듯이 블로그 글쓰기를 시작하는 것을 추천합니다. 매일 매일 새로운 일은 일어나기 때문에 쓸 수 있는 소재는 마르지 않습니다. 또한 누구의 평가를 받지 않아도 되는 글이니 마음 편하게 쓸 수 있습니다. 맞춤법과 기본적인 예의만 지킨다면 공개 설정을 한다고 해도 문제 없습니다. 두려워하지 말고 시작해 보길 바랍니다.

저품질에 대한 잘못된 소문

네이버 공식 블로그에서는 저품질 블로그 관련 잘못된 소문을 정리해 놓았습니다. 여기에 제 견해를 추가하여 설명을 합니다.

Q. 많은 포스팅을 하면 안 된다? 블로그 글은 하루에 1~3개씩 시간을 두고 포스팅해야 한다?

A. 전부 아닙니다. 도배 형태의 글이 아니라면 많이 올리는 것은 상관이 없습니다. 블로그에 좋은 자료를 꾸준히 쌓으면 저품질에서 벗어날 수 있습니다. 다만 하루에 1~3개씩 시간을 두고 포스팅하는 패턴은 어뷰징으로 오판할 수 있으니 좋은 방법은 아닙니다.

Q. 상업적으로 운영하는 블로그가 저품질에 걸렸을 때 일상 글을 쓰면 저품질에서 벗어날 수 있다?

A. 아닙니다. 정말 많이 하는 질문입니다. 상업용 블로그에는 회사에 관한 글, 상품에 관한 글만을 올리는 것을 추천드리며, 일상 글을 올리는 것은 도움이 안 됩니다. 전문적인 글과 유용한 정보로 C-Rank를 더 높여야 합니다. 저도 저품질에 걸린 여러 기업의 블로그 컨설팅을 한 적이 있는데, 기업의 전문적인 정보와 제품 소개를 소비자의 눈높이에 맞게 잘 작성해서 저품질에서 벗어나게 했습니다.

Q. 검색에 잘 안 나오면 블로그를 초기화하거나 버려야 한다?

A. 아닙니다. 어느 순간 어떤 글을 써도 통합 검색 결과에 블로그 글이 노출되지 않기 시작할 때, 그 이후로 어떠한 노력을 해도 다시는 통합 검색 결과에 노출되지 않으니 차라리 새로 블로그를 만들어 재시작하는 게 효과적이라고 생각할 수 있습니다. 하지만 근본적인 문제가 무엇인지 확인하지 않은 상태에서 같은 패턴으로 블로그 운영을 반복하는 것은 적절한 해결 방법이 아닙니다.

Q. 유입 수 500명은 유지해야 저품질이 풀린다?

A. 아닙니다. 유입 수는 "몇 명 이상이 들어와야 한다"라는 기준으로 분류하지 않습니다. 그러므로 특정 수 이상을 유지하려고 스트레스를 받을 필요는 없습니다. 하지만 블로그가 활성화될수록 C-Rank가 상승하므로, 특정 수 이상을 반드시 채울 필요는 없지만 유입 수가 늘어나고 활성화되는 것은 저품질에서 벗어나는 데 도움이 된다는 사실을 알기 바랍니다.

Q. 방문자 수가 급격히 늘어나거나 공감이 급격히 늘어난 경우 저품질이 된다? 스크랩, 댓글, 공감을 늘리면 검색 결과에 잘 나온다?

A. 전부 아닙니다. 방문자 수나 공감의 급증과 같이 제어할 수 없는 지표가 급증하였다고 검색 랭킹에 직접적인 이익이나 불이익을 주지는 않습니다. 경쟁 블로그의 검색 노출 순위를 낮추기 위한 행위, 대량의 아이디를 기계적으로 생성해 거미줄처럼 이웃을 맺는 어뷰징 패턴, 스크랩, 댓글, 공감 품앗이 등 비정상적인 방법을 통해 조작이 가능한 지표는 신뢰할 수 없기 때문입니다.

또한, 특정 블로그를 검색 결과 상위로 올리기 위해 각종 불법적인 툴을 이용하여 방문자 수를 속이는 등의 행위는 아주 짧은 시간 동안은 통하는 것처럼 보일 수도 있겠지만, 각종 스팸 필터링과 어뷰징 제어 시스템이 그런 시도를 막고 있습니다.

Q. 깨끗한 IP 주소에서 포스팅을 해야 한다?

A. 아닙니다. 평소 상업용 홍보성 포스팅을 많이 하는 IP 주소 대역에서 블로그 포스팅을 하면 검색 결과에서 불이익을 받는다는 소문이 있습니다. PC방 등의 공공장소에서 포스팅하거나 해외여행 중 외국에서 포스팅하는 등 정상적인 상황에서 매우 다양한 IP 주소가 사용될 수 있기 때문에 IP 주소 정보만으로는 해당 IP 주소 대역에서 생산된 문서가 스팸 문서인지 판단할 수 없습니다.

그래서 스팸 필터에서 활용하는 IP 주소를 이용했다고 해도 블로그의 생성에서 유통까지가 스팸 문서의 여러 가지 특징적 패턴들과 결합했을 때만 영향을 줍니다. 따라서 굳이 IP 주소를 신경 쓸 필요가 없습니다. 포스팅 중간에 IP 주소가 바뀌는 것 역시 일상생활에서 발생할 수 있는 상황이기 때문에 별다른 영향을 주지 않습니다.

Q. 글을 붙여 넣으면 안 된다?

A. 아닙니다. 사람에게 불가능한 비정상적인 타자 속도로 글이 작성되면 기계가 글을 작성한다고 추측해 볼 수 있습니다. 그리고 기계가 작성한 글은 스팸 문서로 분류해 검색 결과에 노출되지 않도록 하고 있습니다. 이러한 과도한 타자 속도를 계산하는 방식은 여러 가지가 있지만 통상적으로 글 작성 시각 간격과 글 길이를 고려해 평균적인 타자 속도를 계산합니다.

하지만 '붙여넣기'로 글을 쓴 경우에 위 사항을 걱정할 필요는 없습니다. 즉, 글을 붙여 넣어서 과도한 타자 속도로 포스팅했더라도 그 포스팅이 스팸 문서로 분류될 만큼 다량의 반복적 포스팅이 아니라면 문제가 되지 않습니다.

Q. 업로드 후에는 글을 수정하면 안 된다? 카테고리도 이동하면 안 된다?

A. 아닙니다. '글을 수정하면 검색 결과 노출에 불이익이 있다'라는 소문은 사실이 전혀 아닙니다. 하지만 특정 글 하나를 생성한 뒤에 검색량이 많은 키워드로 변경하는 과정을 반복하는 행위는 어뷰징 시스템에서 감지하고 있는 항목입니다.

블로그 소개

블로그 기초

블로그 개설

블로그 디자인

블로그 글쓰기

이웃 관리와 홍보

블로그 마켓

Part 06

블로그 확장을 위한 이웃 관리와 홍보

블로그를 통해 이웃과 교류하며 또 다른 행복과 정보도 얻을 수 있습니다. 이번 파트에서는 이웃 관리에 대해 알아보겠습니다. 이와 별도로 수익을 낼 수 있는 애드포스트, 전문적인 블로거를 위한 인플루언서에 대해서도 알아봅니다. 이렇게 다방면에서 블로그를 확장해 나갈 수 있습니다. 네이버 통계 분석 등을 이용해 나의 노력이 어떤 효과를 발휘하는지도 확인할 수 있으니 전문적인 블로거로 발돋움해 보세요.

이웃과 서로이웃
관리하기

블로그를 자주 이용하는 분이라면 이웃과 서로이웃이라는 표식을 한 번쯤은 봤을 것입니다. 이웃은 특정 블로그를 관심 블로그로 등록하는 것으로, 관심 있는 블로그를 구독한다고 생각하면 됩니다. 서로이웃은 상대방의 동의 절차를 통해 관계를 맺는 것입니다. 서로이웃은 서로의 블로그를 구독하는 것이며, 이웃 피드에서 서로의 글을 볼 수 있습니다. 이웃 공개 게시글과 서로이웃 공개 게시글은 구분하여 등록할 수 있습니다.

1 이웃 추가하기

01 다른 사람의 블로그 프로필 밑에 보이는 [이웃추가]를 클릭해 보겠습니다.

··· PART 06 블로그 확장을 위한 이웃 관리와 홍보

02 [이웃]을 선택하고 [다음]을 클릭합니다. 이웃 그룹을 선택하는 화면이 나오는데 지금 선택하는 이웃을 어떤 그룹에 포함시킬 것인지를 선택하고 [다음]을 클릭합니다.

03 이웃 추가가 완료되면 지금 추가한 이웃과 가까운 이웃의 리스트가 나옵니다. 추가할 이웃이 있다면 [이웃추가]를 누르면 바로 이웃 추가가 진행됩니다.

04 이웃으로 추가한 블로그에 방문하면 [이웃 추가] 버튼이 [이웃]으로 변경된 것을 볼 수 있습니다. 이 블로그가 내 이웃으로 등록되었다는 표시입니다. 이렇게 관심사나 좋아하는 내용을 자주 다루는 블로거가 있다면 '이웃 신청'을 합니다. 유용한 정보와 이야기들이 업데이트되는 대로 알림을 받아 볼 수 있을 뿐만 아니라 나와 비슷한 관심사를 가진 블로거 분들을 더 많이 만날 수 있습니다.

② 서로이웃 추가하기

01 이번에는 서로이웃을 추가합니다. 서로이웃은 신청한 후에 상대방이 승인을 해 줘야 완료됩니다. 블로그 프로필을 보면 "서로이웃 추가(혹은 서이추) 환영합니다"라는 문구를 작성한 사람들이 있습니다. 이런 블로그는 운영자가 서로이웃에 대해 거부감이 없는 이들이기 때문에 승인을 해 줄 확률이 훨씬 높습니다. 블로그를 막 운영하는 단계에서는 이런 문구가 써져 있는 블로그에 서로이웃 신청을 하여 블로그를 확장시켜도 좋습니다.

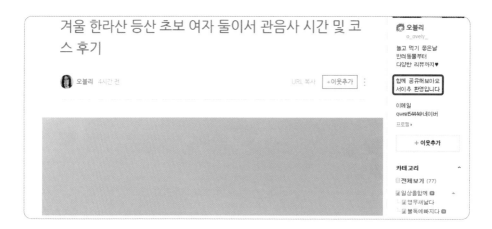

02 [이웃추가]를 클릭하면 나타나는 팝업 창에서 [서로이웃으로 신청합니다]를 선택하고 [다음]을 클릭합니다.

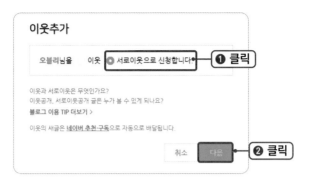

03 서로이웃 신청 그룹을 선택하고 이웃 신청 메시지를 입력한 후에 [다음]을 클릭합니다.

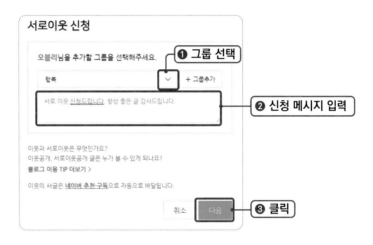

04 서로이웃 신청이 완료된 상태입니다. 아직은 서로이웃이 된 상태는 아니며, 상대방이 승인을 하면 서로이웃이 됩니다.

05 블로그 관리자 페이지로 이동하여 서로이웃 신청 목록을 보면 신청한 내역이 나오는 것을 볼 수 있습니다. 이렇게 이웃과 서로이웃을 추가하여 같은 관심을 가진 사람들끼리 교류하며 블로그 활동 지수를 올려 갑니다. 댓글 및 좋아요 버튼을 클릭하며 지수를 올리면 관계 유지에 도움이 되니, 이웃의 좋은 글에는 꼭 댓글을 남겨 주세요.

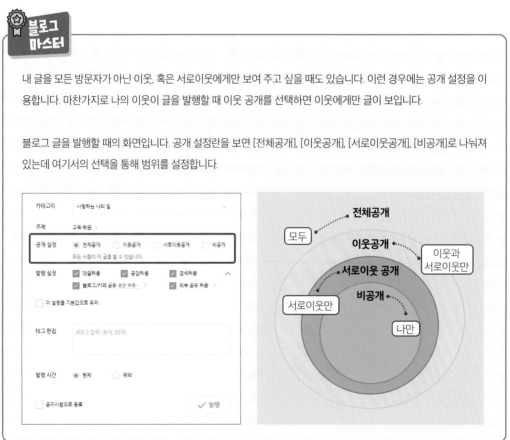

내 글을 모든 방문자가 아닌 이웃, 혹은 서로이웃에게만 보여 주고 싶을 때도 있습니다. 이런 경우에는 공개 설정을 이용합니다. 마찬가지로 나의 이웃이 글을 발행할 때 이웃 공개를 선택하면 이웃에게만 글이 보입니다.

블로그 글을 발행할 때의 화면입니다. 공개 설정란을 보면 [전체공개], [이웃공개], [서로이웃공개], [비공개]로 나눠져 있는데 여기서의 선택을 통해 범위를 설정합니다.

③ 이웃커넥트 설치로 이웃과 쉽게 교류하기

네이버 블로그에는 위젯 설치 기능이 있습니다. 위젯이란 블로그 페이지 화면에서 같이 나타나는 부가적인 기능들을 의미합니다. 여러 위젯들을 설정할 수 있는데 그중 이웃커넥트를 설치하여 이웃과 쉽게 교류하는 방법을 소개하려고 합니다.

블로그 이웃커넥트에는 2개의 탭이 있습니다. 내가 추가한 이웃 탭과 나를 추가한 이웃 탭입니다. 내가 추가한 이웃 탭을 클릭하면 내가 추가한 이웃들이 나오며, 방문하고 싶은 이웃을 클릭하면 이웃 블로그로 바로 접속할 수 있습니다. 같은 방법으로 나를 추가한 이웃 블로그 탭을 클릭한 후에 이웃을 클릭하면 나를 추가한 이웃의 블로그로 바로 방문할 수 있습니다.

01 내 블로그에서 [관리] 메뉴를 클릭합니다.

02 블로그 관리 화면에서 [꾸미기 설정]을 클릭한 후에 [레이아웃·위젯 설정] 메뉴를 클릭합니다.

03 위젯 항목 중에서 이웃커넥트를 선택한 후에 원하는 위치로 이동시킵니다. 그리고 하단에서
[적용]을 클릭하면 블로그 화면으로 이동합니다.

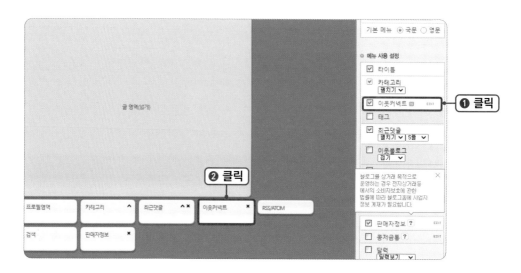

04 이웃커넥트 위젯이 설치되어 내가 추가한 이웃과 나를 추가한 이웃 목록이 나타납니다.

4 이웃 관리 기능 마스터하기

블로그 관리자 페이지에는 [열린이웃] 메뉴가 있습니다. [열린이웃] 메뉴에서는 이웃·그룹을 관리하고 나를 추가한 이웃과 서로이웃 신청 내역을 볼 수 있습니다.

[이웃·그룹 관리] 메뉴의 오른쪽을 보면 [이웃커넥트 관리하기] 메뉴가 있습니다. 해당 메뉴를 클릭하면 이웃커넥트 관리 위젯 디자인을 세세하게 할 수 있고, 이웃 새 글과 내가 추가한 이웃 목록, 나를 추가한 이웃 목록을 확인할 수 있습니다. 보기 편한 형태로 디자인하여 설정하기를 추천드립니다.

❶ 위젯 유형 : 이웃커넥트 위젯을 설치할 때 기본 위젯, 심플 위젯, 새 글 위젯, 배너 위젯 디자인 중에 선택하여 설치할 수 있습니다.

〈기본 위젯〉 　　〈심플 위젯〉 　　〈새 글 위젯〉 　　〈배너 위젯〉

❷ 이웃 스타일 : 이웃의 섬네일과 블로그 이름과 최근 새 글을 함께 보여 줄지(상세형), 섬네일과 이름을 함께 보여 줄지(섬네일형), 블로그 이름만 보여 줄지(리스트형)를 결정합니다.

〈상세형〉 　　〈섬네일형〉 　　〈리스트형〉

❸ **이웃 순서 정렬** : 이웃의 목록을 새 글 순, 가나다 순, 등록일 순, 직접 순서 설정 순 중에 원하는 정렬 방식으로 선택할 수 있습니다.

❹ **기본 탭 설정** : 이웃커넥트의 초기값으로 내가 추가한 이웃을 보이게 할 것인지 나를 추가한 이웃을 보이게 할 것인지를 정합니다.

〈내가 추가한 이웃 설정〉　　〈나를 추가한 이웃 설정〉

❺ **위젯 사이즈** : 블로그 홈에 추가되는 이웃커넥트의 사이즈를 가로 166~200px 내에서 적용할 수 있습니다.

❻ **위젯 디자인** : 위젯의 언어를 국문과 영문 중에 선택할 수 있으며 다양한 컬러를 적용할 수 있습니다.

위 기능을 이용하여 위젯은 '영문', 배경색은 '흰색', 스타일은 '섬네일형', 유형은 '기본 위젯', 기본 탭은 '나를 추가한 이웃'으로 설정하면 아래처럼 구현됩니다.

블로그 소개

블로그 기초

블로그 개설

블로그 디자인

블로그 글쓰기

이웃 관리와 홍보

블로그 위젯

5 이웃 삭제하기

01 블로그 이웃을 삭제하고 싶은 경우에는 블로그 관리 페이지에서 [이웃·그룹 관리] 메뉴를 클릭한 후에 삭제하려고 하는 이웃을 선택하고 [삭제]를 클릭하면 됩니다.

02 [삭제]를 클릭하면 이웃 삭제 팝업 창이 뜨는데 두 가지 선택 옵션이 나옵니다. 이웃과 서로이웃을 모두 삭제하는 것, 서로이웃을 이웃으로 관계만 변경하는 것 중에 선택할 수 있습니다. 원하는 옵션을 선택하고 [확인]을 클릭하면 이웃이 삭제됩니다.

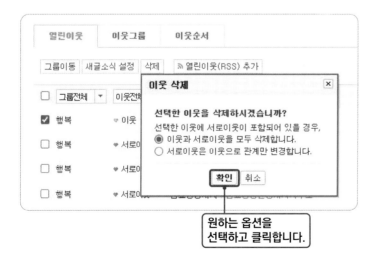

NOTE

- 서로이웃에서 삭제할 경우 상대방에게는 '이웃'으로만 노출됩니다.
- 이웃 삭제 후에는 데이터가 보관되지 않아 복원이 불가능합니다.
- 이웃 삭제 후에도 7일 동안은 이웃 새 글에 삭제한 이웃의 게시글이 노출됩니다.

6) 서로이웃 신청 취소하기/서로이웃 신청받기

01 [서로이웃 신청] 메뉴에서 [보낸신청] 항목을 클릭합니다. 취소하려고 하는 신청 목록을 선택한 후에 [신청취소]를 클릭합니다.

02 서로이웃 신청을 취소한다는 팝업 창에서 [확인]을 클릭하면 서로이웃 신청이 취소됩니다.

03 한편 내가 다른 사람에게 서로이웃 신청을 받을 수 있게 설정할 수도 있습니다. [이웃·그룹 관리]의 [서로이웃 신청받기] 메뉴에서 [사용]을 선택하면 다른 사람이 서로이웃 신청을 보낼 수 있고 [사용하지 않음]을 선택하면 서로이웃 신청을 보낼 수 없게 됩니다. [서로이웃 신청받기를 사용하지 않음]으로 설정해도 기존에 맺었던 서로이웃은 유지됩니다.

 NOTE

> **자주 묻는 질문** *서로 이웃 신청 거절*

Q1. 서로 이웃 신청이 들어왔을 때 거절을 하면 신청한 사람에게 거절을 알리는 알림이 가나요?

A. 별도의 알림은 없습니다. 거절을 하면 서로 이웃을 신청한 사람에게 나는 이웃으로 등록되지만, 나는 상대방을 이웃으로 등록하지 않은 상태로 남습니다.

> **자주 묻는 질문** *이웃 관리 요령*

Q2. 블로그 이웃을 늘리는 방법과 이웃 관리 요령이 있을까요?

A. 블로그 이웃을 늘리기 위해서는 같은 주제를 가진 블로그나 관심 있는 주제로 글을 쓰고 있는 블로그에 방문하여 먼저 이웃 신청하는 방법을 적극적으로 실천하길 바랍니다. 동시에 지역 카페나 같은 주제의 카페에 가입하여 활동하는 것도 도움이 됩니다.

블로그 이웃 관리 요령으로는 댓글을 이용하여 적극적으로 대화하는 것이 제일 중요합니다. 여기에서 중요한 것은 내용에 맞는 댓글을 달기 위해 노력해야 한다는 점입니다. 공감적 표현이 포함되어 있으면 상대방도 적극적으로 댓글을 달아 줄 것입니다. 댓글을 보며 추가적으로 이야기 나눌 수 있는 소재에 대한 질문을 해서 대화를 이어 가길 바랍니다.

02 블로그 확장 방법, 애드포스트와 인플루언서

블로그를 수익화 목적 등으로 확장하는 방법으로는 애드포스트 신청 및 인플루언서 활동이 있습니다. 애드포스트란 블로그에 글을 쓸 때 블로그 글과 관련성 있는 광고가 등록되는 기능을 말합니다. 방문자가 블로그에 방문하여 광고를 클릭하면 일정 금액이 블로그 운영자에게 적립되는 것이 특징입니다. 네이버 블로그를 운영하고 있으면 누구나 신청이 가능합니다. 단 미성년자 또는 비영리법인의 경우 신청이 거절될 수 있습니다. 또한 가입 신청자가 일시정지 또는 이용제한 상태에서 탈퇴한 적이 있거나 애드포스트 약관 및 운영 정책에 중대하게 어긋나는 행동을 한 후 자진 탈퇴한 경우, 직권 해지된 경우 등에는 가입을 제한하고 있습니다.

Step 01
네이버 블로그를 개설하여 나만의 콘텐츠를 올린다.

Step 02
콘텐츠를 꾸준히 올리면서 애드포스트를 신청하여 광고 수익을 창출한다.

Step 03
내 활동 영역에서 전문성을 인정받아 인플루언서로 활동한다.

네이버 블로그 확장 방법

1 애드포스트 이해 및 서비스 신청

블로그에 쓴 글에 맞게 광고가 노출되는 서비스를 신청할 수 있는데 이를 애드포스트라고 합니다. 블로그 콘텐츠에 맞게 맞춤형으로 광고가 노출되며, 광고 클릭에 따라 수익을 받을 수 있습니다.

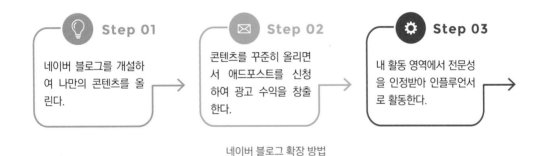

네이버 애드포스트 홈페이지(https://adpost.naver.com)

01 인터넷 주소에 네이버 애드포스트 주소(https://adpost.naver.com)를 입력하여 이동합니다. 화면에서 [애드포스트 시작하기]를 클릭합니다.

02 네이버 아이디와 비밀번호를 입력하고 로그인합니다.

03 회원가입 동의 항목에 체크를 하고 [다음 단계]를 클릭합니다.

동의 후 클릭

04 회원인증 단계에서 개인 또는 개인 사업자로 가입을 할 수 있습니다. 사업자로 가입할 경우에는 [개인 사업자로 가입]을 클릭하여 회원 유형을 변경하고 가입합니다.

클릭

블로그 소개
블로그 기초
블로그 개설
블로그 디자인
블로그 글쓰기
이웃 관리와 수익
블로그 마켓

05 애드포스트 승인이 되면 블로그 글에 아래와 같이 광고가 설정됩니다.

06 애드포스트 관리자에 접속해 보면 광고 수입 현황을 볼 수 있습니다.

애드포스트 수입 지급 방법

애드포스트는 광고를 클릭할 때마다 수입을 받는 방식을 사용하는데 이러한 방법을 CPC(Cost Per Click) 방식이라고 합니다. 클릭당 광고 당가가 많이 나가는 것이 클릭당 애드포스트 비용도 많이 지급됩니다. 광고의 종류는 콘텐츠에 따라 변경되며, 블로그 기본 설정 시, 선택한 카테고리도 영향을 줍니다.

> ※ 개인 회원: 전월 말일까지의 수입을 25일에 계좌로 지급
> ※ 사업자 회원: 전월 말일까지의 수입에 대해 과세 유형에 맞게 서류 제출 시 21일에 계좌로 지급
> ※ 네이버 페이 지급으로 전환 신청 시 다음 달 12일에 일괄적으로 전환되어 지급
>   (사업자 회원은 네이버 페이 전환 불가)

애드포스트 수입이 발생하면 아래 화면처럼 관리자 페이지에 광고 수입이 보입니다. 수입을 지급받기 위해 [수입전환 신청하기]를 클릭하면, 네이버 페이와 통장 지급 방법 중에 선택할 수 있는 창이 나오는데 이 화면에서 지급받고 싶은 방법을 선택할 수 있습니다.

네이버 페이 전환 신청 과정

 NOTE

애드포스트 서비스 탈퇴 시 주의할 점

블로그 글에 광고가 붙는 것이 싫어서 탈퇴를 원한다면 언제든지 할 수 있습니다. 다만 정산 금액이 남아 있는 경우에는 정산 금액을 모두 정산받은 후에 탈퇴 신청이 가능합니다.
개인 회원(사업자가 아닌 회원)은 신청일 다음날로부터 10 영업일 이내에 수입 잔액이 지급되고 탈퇴 처리가 완료되며 사업자 회원은 수입 잔액의 지급에 필요한 세무 증빙 서류를 제출한 다음날부터 10 영업일 이내에 수익 잔액이 지급되고 탈퇴 처리가 완료됩니다.

네이버는 인플루언서 제도를 운영하고 있습니다. 인플루언서 제도는 신청 승인 방식으로, 심사를 신청하면 네이버가 심사를 하여 인플루언서로 승인해 주는 방식입니다. 인플루언서로 승인되면 신청한 주제에 대한 전문성을 인정받은 것이기 때문에 검색 사용자에게 신뢰를 줄 수 있습니다. 네이버 인플루언서는 블로그 또는 포스트, 인스타그램, 유튜브 중에 활동하고 있는 채널이 있으면 신청할 수 있으며 지원 주제가 정해져 있습니다. 지원 주제는 다음과 같습니다.

> 여행, 패션, 뷰티, 푸드, IT테크, 자동차, 리빙, 육아, 생활건강, 게임,
> 동물/펫, 운동/레저, 프로 스포츠, 방송/연예, 대중음악, 영화,
> 공연/전시/예술, 경제/비즈니스, 어학/교육

인플루언서 지원이 가능한 주제

추후 인플루언서로 활동할 계획이 있다면 지원 주제에 맞게 블로그 카테고리를 변형하여 운영하는 것도 방법입니다.

네이버 인플루언서 페이지(https://in.naver.com/intro)

📢 인플루언서에게만 주어지는 특별한 혜택

① 인플루언서 운영 지원 프로그램을 받을 수 있습니다.

② 인플루언서 홈페이지를 자유롭게 변경할 수 있는 템플릿과 편집 툴을 제공받을 수 있습니다.

편집 툴을 활용하여
홈 화면을 수정하는 모습

③ 블로그, 포스트, 네이버TV, 유튜브, 인스타그램 등 내가 운영하고 있는 채널을 홈페이지 한 곳으로 연동할 수 있는 기능, @닉네임으로 쉽게 홈페이지를 찾을 수 있는 기능을 제공합니다.

다양한 채널 연동　　　　　　　　　　@닉네임 검색 기능

④ 수익을 극대화할 수 있는 특별한 혜택들을 이용할 수 있습니다. 대표적으로 내 인플루언서 홈에 연동된 블로그 게시물과 인플루언서 토픽의 최상단 영역에 노출되는 광고가 있는데, 이는 콘텐츠에 방해되지 않으면서도 뛰어난 노출과 수익을 제공합니다.

상단에 노출된 헤드뷰 광고 모습

⑤ 일반 광고 대비 보다 높은 보상이 제공되는 프리미엄 광고를 지원합니다. 프리미엄 광고는 내 인플루언서 홈, 토픽, 키워드 챌린지, 그리고 블로그 본문 영역에 제공되는 이미지/동영상형 광고로 일반 광고보다 높은 보상이 제공됩니다.

인플루언서 홈   인플루언서 토픽

키워드 챌린지   블로그 본문 영역

01 인플루언서 신청 절차를 밟아 보겠습니다. https://in.naver.com/intro에 접속한 후에 오른쪽 상단에 있는 [바로가기]를 클릭합니다.

블로그 소개

블로그 기초

블로그 개설

블로그 디자인

블로그 글쓰기

이웃 관리와 홍보

블로그 마켓

02 [인플루언서 지원하기]의 [지원하러 가기]를 클릭합니다.

03 인플루언서 검색 지원 페이지에서 지원하고자 하는 주제를 선택합니다.

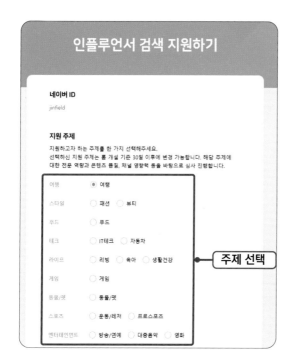

04 내 활동 채널을 선택합니다.

05 유의사항을 읽어 보고 개인정보 수집 및 이용 동의에 체크한 후에 [인플루언서 지원하기]를 클릭합니다.

06 지원 신청이 완료되었으면 7일 후에 이메일을 통해 결과를 볼 수 있습니다.

07 승인이 되면 검색 결과에서 인플루언서 마크가 표시됩니다. 블로그에서 정보를 찾고 있는 사람들이 클릭할 확률이 높아집니다.

 NOTE

인플루언서 지원 후에 선정이 안 되었다면 다시 지원할 수 있습니다. 2회 이상 지원한 경우 마지막 지원일로부터 30일 경과 후 재지원할 수 있습니다. 30일 동안 인플루언서로 지원하고자 하는 분야의 글을 전문적으로 포스팅하면 인플루언서에 선정될 가능성이 높으니 무엇보다도 글을 꾸준하게 쓰는 것이 중요합니다.

03 블로그 파워컨텐츠 광고

블로그 글 홍보에는 여러 수단이 있지만 그중 유료로 광고할 수 있는 수단이 있습니다. 바로 네이버 광고 센터를 통한 광고입니다. 아래의 화면은 네이버에서 '디퓨저'를 검색한 결과입니다. [VIEW] 메뉴를 클릭해 보면 블로그 글 중간중간에 [광고] 키워드가 붙어 있는 것을 볼 수 있습니다. 해당 키워드가 붙은 것이 네이버 광고 센터를 통해 파워컨텐츠 광고를 설정한 글입니다.

1 네이버 광고 가입하기

01 네이버 광고 페이지에 접속합니다. 검색을 해서 접속하거나 도메인 주소(https://searchad. naver.com)를 입력하여 접속합니다.

02 [신규가입]을 클릭합니다.

03 네이버 아이디나 검색광고 아이디로 회원가입을 진행합니다. [네이버 아이디로 회원가입]을 클릭합니다.

04 신규 회원가입 시 주의사항 안내를 읽어 보고 [확인]을 클릭합니다.

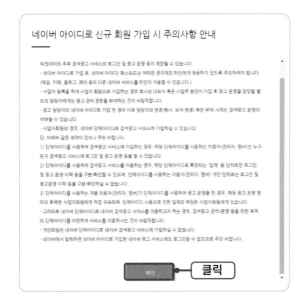

05 네이버 아이디와 비밀번호를 입력하고 [로그인]을 클릭합니다.

06 약관 동의 화면에서 동의란에 체크합니다.

블로그 소개

블로그 기초

블로그 개설

블로그 디자인

블로그 글쓰기

이웃 관리와 홍보

블로그 마켓

07 가입 유형 선택 화면에서 사업자 등록증이 있으면 사업자 광고주를 선택하고 사업자가 없는 경우 개인 광고주를 선택합니다. 여기에서는 개인 광고주를 선택하여 진행하겠습니다.

08 회원 정보를 입력합니다.

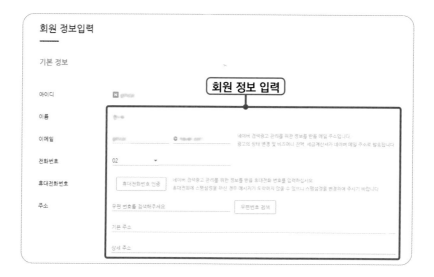

09 홍보성 메일 및 문자, 톡톡에 대한 수신 여부를 선택하고 [가입]을 클릭합니다.

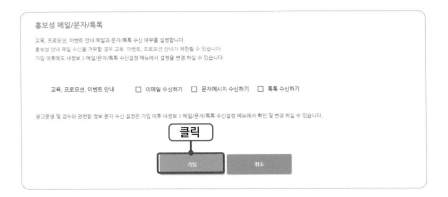

2 검색 광고 진행하기

01 검색 광고를 진행해 보겠습니다. 네이버 광고 센터에 접속한 후 네이버 아이디로 로그인을 합니다.

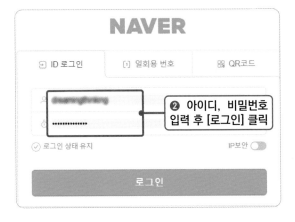

블로그 소개

블로그 기초

블로그 개설

블로그 디자인

블로그 글쓰기

이웃 관리와 홍보

블로그 마켓

02 검색 광고 관리자 페이지에서 [광고시스템]을 클릭합니다. 검색 광고 페이지에서는 다양한 서비스를 제공합니다.

① 광고 시스템을 통해 광고를 진행할 수 있습니다.
② 교육 메뉴를 통해 광고하는 방법에 대한 교육을 들을 수 있습니다.
③ 광고 진행 후 광고 효율에 대한 보고서를 받을 수 있습니다.

03 광고 관리 화면에서 [광고 만들기]를 클릭합니다.

04 캠페인 만들기 화면에서 [파워컨텐츠 유형]을 선택합니다.

블로그 소개

블로그 기초

블로그 개설

블로그 디자인

블로그 글쓰기

이웃 관리와 홍보

블로그 마켓

블로그 마스터

항목	파워링크 검색 광고	쇼핑 검색 광고	파워컨텐츠 검색 광고	브랜드 검색 광고	플레이스 검색 광고
광고 목적	사이트 방문 유도 및 홍보	네이버 쇼핑에서 상품 노출/판매	콘텐츠 제공을 통한 업체(상품) 홍보	브랜드 홍보 및 브랜드 가치 향상	오프라인 가게 방문 유도 및 홍보
진행 요건	업종/서비스 제약 없이 진행	쇼핑몰 상품형: 온라인 쇼핑몰이며, 네이버 쇼핑에 입점 시 가능 제품 카탈로그형: 제조사/브랜드사, 카탈로그 페이지 구축해야 가능	네이버 블로그/카페/포스트 콘텐츠로 광고 진행	광고할 브랜드에 대한 검색 이용자의 충분한 니즈 필요	네이버 스마트플레이스에 등록된 업체 정보를 바탕으로 진행
광고 비용	선 충전 후 클릭 시 비용 발생, 최소 비용 70원 (VAT 미포함)	선 충전 후 클릭 시 비용 발생, 최소 비용 50원 (VAT 미포함)	선 충전 후 클릭 시 비용 발생, 최소 비용 70원 (VAT 미포함)	정액제, 선 계약 후 집행, 최소 비용 50만 원 (VAT 미포함)	선 충전 후 노출 시 비용 발생, 유효 노출당 1원 (VAT 미포함)
키워드	원하는 키워드 등록 가능	상품과 연관 있는 키워드 자동 매칭, 키워드 직접 등록 불가능	지정된 키워드만 등록 가능	브랜드 관련 키워드만 등록 가능	광고주가 선정한 지역에서 콘텐츠 이용 시 자동 노출

광고 유형별 특징

05 파워컨텐츠 광고에 대한 등록 가이드를 읽은 후에 [네]를 선택하고 캠페인 이름과 예산을 설정한 후에 [저장하고 계속하기]를 클릭합니다.

06 광고그룹 이름, URL 주소, 기본 입찰가, 하루 예산을 입력하고 [저장하고 계속하기]를 클릭합니다.

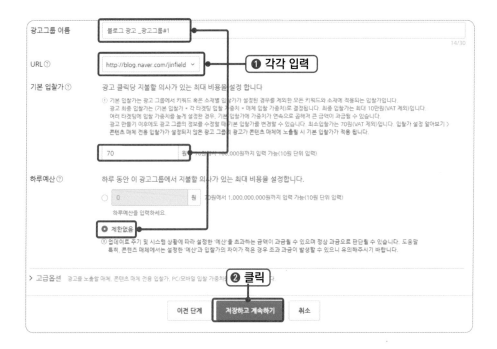

07 키워드 추가 화면이 나옵니다. 키워드는 50개까지 추가할 수 있으며, 검색했을 때 블로그 글이 나왔으면 하는 키워드를 추가하면 됩니다. [키워드로 찾기] 화면에서 관련 키워드를 검색하면 추천 키워드가 나옵니다. 원하는 키워드 옆의 [추가]를 클릭하여 키워드를 선택합니다.

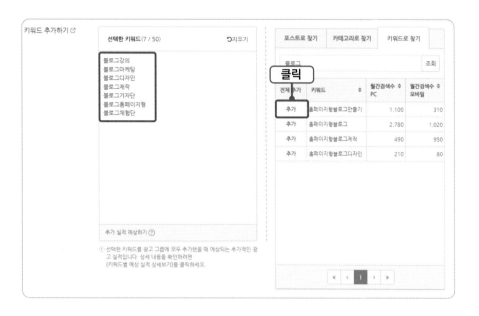

08 소재 만들기 화면에서 제목과 설명, 대표 이미지를 추가합니다.

09 광고를 진행할 글의 주소를 연결 URL에 입력한 후에 업체명을 입력하고 [광고 만들기]를 클릭하면 검수를 통해 광고를 시작하게 됩니다.

10 등록한 광고는 평일 기준 2일 정도의 시간이 지난 후에 승인이 되며 바로 광고 노출이 시작됩니다. 아래와 같이 등록한 광고를 확인합니다.

11 승인 후에 광고 설정한 키워드를 네이버 홈페이지에서 검색하면 [VIEW]에 광고 설정된 해당 블로그의 글이 나오는 것을 볼 수 있습니다.

 NOTE

키워드 검색 광고를 잘 활용하기 위해서는 다음의 광고 용어들에 대해서 확실히 이해해야 합니다.

○ **조회 수** : 네이버, 다음, 네이트, 야후 등과 같은 검색 포털에서 해당 키워드를 얼마나 조회(검색)했는지를 나타내는 수치입니다.

○ **노출 수** : 검색 포털에서 해당 키워드를 검색하는 경우에 광고가 얼마나 표시되었는지를 나타내는 수치입니다.

○ **클릭 수** : 검색 포털에서 해당 키워드를 검색한 후에 표시된 광고 중에서 광고를 얼마나 클릭하였는지를 나타내는 수치입니다.

○ **클릭률(CTR)** : (클릭 수/노출 수)×100으로, 노출 수 대비 클릭 수의 백분율입니다.

○ **(구매) 전환 수** : 쇼핑몰의 경우 보통 구매 전환 수라고 하는데 클릭한 후에 방문한 고객이 구매한 수치입니다.

○ **(구매) 전환율(CVR)** : (구매 전환 수/클릭 수)×100으로, 클릭 수 대비 구매 전환 수의 백분율입니다.

○ **광고비** : 지급한 광고 비용. '클릭당 단가(CPC)×클릭 수= 광고비'입니다.

○ **매출** : 해당 광고를 통해서 일어난 매출의 합계입니다.

○ **광고비 대비 매출(ROAS)** : (매출/광고비)×100으로, 광고비 대비 매출의 백분율입니다.

○ **전환당 광고 비용(CPA)** : 1회 구매 전환에 필요한 광고 비용입니다.
 (광고비/전환 수), (광고비/클릭 수×전환율), (광고비/노출 수×클릭률×전환율)로 계산할 수 있습니다.

○ **대표 키워드:** 조회 수가 많고 더 포괄적인 의미를 담고 있는 키워드입니다. 정보 검색 단계에서 많이 사용되므로, 세부 키워드와 비교했을 때 구매 전환율은 떨어지는 편입니다.

○ **세부 키워드:** 조회 수가 적고 더 구체적인 의미를 포함하는 키워드입니다. 상품 구매 단계에서 많이 사용되므로, 대표 키워드와 비교했을 때 구매 전환율은 높은 편입니다.

○ **정보성:** 정보 검색의 성격이 강한 키워드. 예를 들어 '컴퓨터 수리법'이라고 한다면 구매보다는 수리 관련 정보를 검색하는 성격이 강할 것입니다.

○ **구매성:** 구매 성격이 강한 키워드. 예를 들어 '컴퓨터 싸게 파는 몰'이라고 한다면 구매를 위한 검색 성격이 강할 것입니다.

일반적으로 대표 키워드는 정보성이 많이 섞여 있습니다. '컴퓨터'라고 검색했다면 정보성과 구매성이 공존하는 경우가 많습니다. 한편 '컴퓨터 싸게 파는 몰'과 같은 세부 키워드는 구매성이 강하므로 구매 전환율이 높게 나올 수밖에 없습니다.

블로그 통계 분석

네이버 블로그에서는 접속 통계 기능을 제공합니다. 방문 분석과 사용자 분석 및 글의 인기도를 알아볼 수 있는 순위 기능을 이용할 수 있습니다. 방문 분석에서는 조회 수, 순방문자 수, 방문 횟수, 평균 방문 횟수 등 블로그에서 어떤 글이 조회가 많았는지 및 글의 순위를 볼 수 있습니다. 사용자 분석에서는 유입 분석, 시간대 분석, 성별, 연령별 분포, 기기별 분포, 이웃 증감 수 등 유입에 관한 분석 데이터를 볼 수 있습니다. 네이버에서 제공해 주는 통계 자료를 보며 블로그를 만들 때 생각했던 주제에 맞게 사람들이 접속하는지, 어떤 글이 인기가 있는지, 방문하는 연령은 어떻게 되는지를 분석하여 앞으로 어떤 방향으로 운영할지를 결정하길 바랍니다.

01 지금부터는 블로그 통계란에서 직접 메뉴를 보며 활용하는 방법을 알아보겠습니다. 자신의 블로그 홈에 들어가면 프로필 아래에 [통계] 메뉴가 있습니다. 클릭하면 내 블로그 통계 화면이 열립니다. 처음 나타나는 [일간 현황]을 보면 하루 동안의 조회 수, 동영상 재생 수, 공감 수, 댓글 수, 이웃 증감 수를 볼 수 있습니다.

일간 현황

02   다음으로는 [방문 분석] 메뉴입니다. 방문 분석에는 여러 메뉴가 있는데 대표적으로 [조회 수]가 있습니다. 조회 수는 일간, 주간, 월간으로 나눠서 볼 수 있습니다. [조회 수] 그래프는 일간은 15일, 주간은 15주, 월간은 1년 단위로 제공합니다. 조회 수가 많았던 날과 시간을 상세히 분석하며 어떤 콘텐츠가 인기가 있었는지를 확인합니다. 이를 통해서 조회 수를 늘리고 싶다면 분석한 콘텐츠와 유사한 새로운 콘텐츠를 발굴하면 되겠다는 결론에 이를 수 있습니다.

❶[순방문자 수]는 선택한 기간 동안 중복 방문을 제외한 방문자들의 데이터입니다. ❷[방문 횟수]는 선택한 기간 동안 내 블로그에 방문한 총 횟수를 말하는데, 30분 이내에 재방문한 경우는 방문 수로 반영되지 않습니다. ❸[평균 방문 횟수]는 선택한 기간 동안 순방문자의 평균 방문 횟수에 대한 데이터입니다. ❹[재방문율]은 조회하고 있는 기간 전에도 방문했던 적이 있는 사람이 얼마나 방문했는지를 보여 줍니다. ❺[평균 사용 시간]은 설정한 기간 동안 블로그에 방문해서 데이터를 본 시간의 평균을 보여 줍니다.

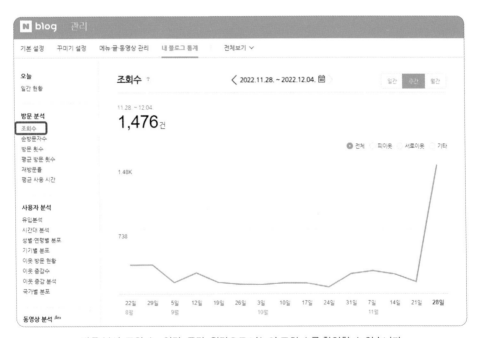

방문 분석-조회 수 : 일간, 주간, 월간으로 나누어 조회 수를 확인할 수 있습니다.

03 이번에는 [사용자 분석] 메뉴로 넘어가 몇 가지 살펴보겠습니다. 일단 [유입 분석] 기능이 있는데 클릭하면 상세 유입 경로와 검색 유입, 사이트 유입 등을 확인할 수 있습니다. 아래는 11월 28일 상세 유입 경로를 확인한 것입니다. 이 당시에 쇼핑몰 네이밍, 쇼핑몰 이벤트 기획, 검색 엔진 최적화 등 쇼핑몰 관련 글을 올려놓았었는데 해당 검색이 많았습니다.

사용자 분석-유입 분석 : 선택한 기간 동안 사용자의 상세 유입 경로를 분석할 수 있습니다.

04 어떤 시간에 글을 많이 읽었는지가 궁금하다면 [시간대 분석]을 클릭하면 알 수 있습니다. 화면에 나타난 것처럼 11월 28일에는 오후 1~11시 사이에 접속이 많이 된 것을 볼 수 있습니다.

사용자 분석-시간대 분석 : 선택한 기간 동안 사용자의 조회 시간대를 볼 수 있습니다.

05 나의 콘텐츠를 보는 사람들의 기기별 분포를 알아보는 것도 중요합니다. 콘텐츠를 만들 때 모바일 최적화 작업을 해야 할지 PC 최적화 작업을 해야 할지를 결정할 수 있는 지표가 되기 때문입니다. 접속 연령과 연령별 주 사용 기기가 다르다는 것도 인지하면 콘텐츠를 보는 대상을 세분화하고 가장 인기 있는 연령에 맞게 콘텐츠 내용을 변경할 수도 있기 때문에 확인하는 것이 중요합니다. 나의 글을 많이 보는 대상 독자를 위해 더 집중하면 그들에게서 더 많은 접속을 유도할 수 있습니다.

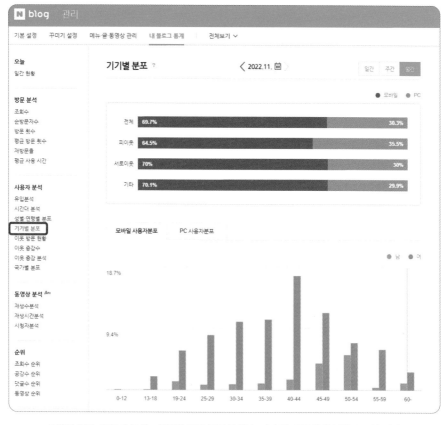

사용자 분석-기기별 분포 : 선택한 기간 동안의 접속 기기 및 성별을 확인할 수 있습니다.

06 이번에는 [동영상 분석] 메뉴를 알아보겠습니다. [동영상 분석]에서는 재생 수 분석, 재생시간 분석, 시청자 분석을 할 수 있습니다. ❶[재생 수 분석]은 선택한 기간 동안 동영상이 재생된 횟수 및 영상 순위를 국가별로 상세하게 분석합니다. ❷[재생시간 분석]은 선택한 기간 동안 내 블로그에서 재생된 동영상의 시간을 합한 결과를 보여 줍니다. ❸[시청자 분석]은 선택한 기간 동안 블로그에서 동영상을 시청한 사용자를 신규와 재방문으로 구분하여 수치화하고 동영상 공감 횟수 및 사용자의 성별, 연령별 분포와 공감 수 순위를 제공합니다.

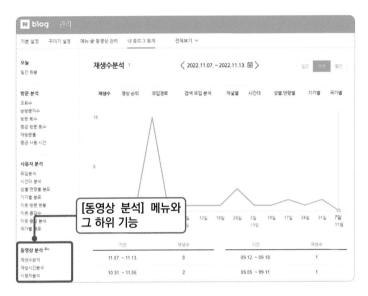

동영상 분석-재생 수 분석 : 선택한 기간 동안 동영상이 얼마나 재생되었는지를 볼 수 있습니다.

07 이번에는 [순위] 메뉴입니다. 대표적으로 ❶[조회 수 순위]를 볼 수 있는데 이는 선택한 기간 동안 조회 수가 많은 글부터 100위까지 제공합니다. 게시물 기준과 주제별 기준으로 확인할 수 있습니다. ❷[공감 수 순위], ❸[댓글 수 순위], ❹[동영상 순위]는 각각 선택한 기간 동안의 공감 수, 댓글 수, 동영상 순위를 100위까지 볼 수 있습니다.

순위-조회수 순위 : 블로그 마켓 수업 내용 글이 가장 많이 조회된 것을 볼 수 있습니다.

08 다음은 [블로그 평균 데이터] 메뉴입니다. 자신의 블로그 전체의 평균 데이터와 상위 5만 개 블로그의 평균 데이터를 비교하여 보여 줍니다. 이 데이터를 보며 나의 블로그 위치를 알아봅니다.

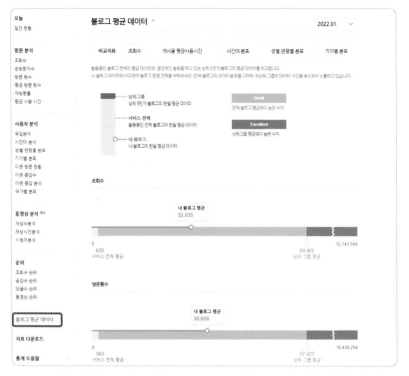

블로그 평균 데이터 : 상위 그룹 평균 데이터와 내 블로그 평균 데이터 비교

블로그 평균 데이터에서 제공하는 비교 지표, 조회 수, 게시글 평균 사용시간, 시간대 분포, 성별, 연령별 분포, 기기별 분포 데이터를 분석하면 블로그 글을 보는 사용자들이 좋아하는 카테고리 및 글의 유형을 알 수 있습니다. 이는 운영하는 블로그의 방향을 잡는 데 많은 도움이 됩니다. 다음과 같은 식으로 데이터를 볼 수 있으니 유용하게 이용하길 바랍니다.

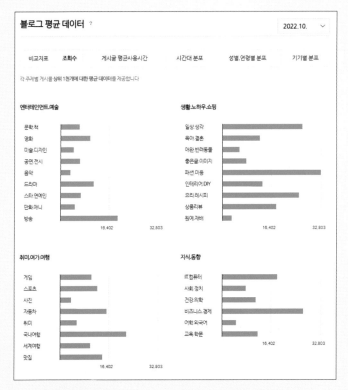

주제별 게시글 상위 1천 개에 대해, 블로그 접속량을 보여 주는 데이터

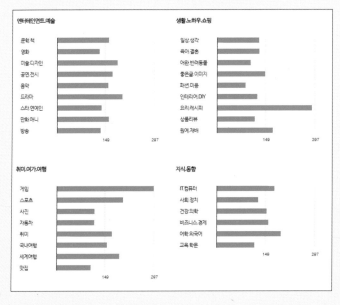

주제별 게시글 상위 1천 개에 대해, 사용자가 블로그 게시글 1개를 읽는 데
사용하는 평균 시간 데이터

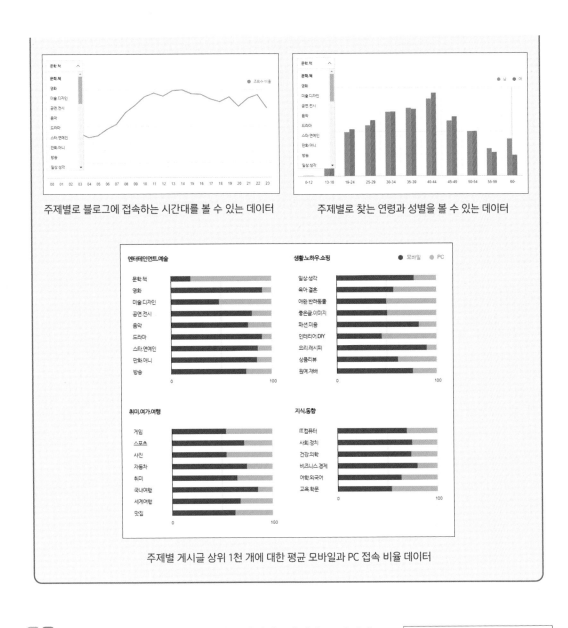

주제별로 블로그에 접속하는 시간대를 볼 수 있는 데이터

주제별로 찾는 연령과 성별을 볼 수 있는 데이터

주제별 게시글 상위 1천 개에 대한 평균 모바일과 PC 접속 비율 데이터

09 마지막으로 [지표 다운로드] 메뉴입니다. 여기서는 데이터의 종류를 선택하고 기간을 설정하면 엑셀 데이터로 다운로드받아 확인할 수 있습니다. 일간 데이터는 최대 90일간의 데이터를 다운로드받을 수 있으며, 주간 데이터는 15주, 월간 데이터는 최대 26개월간의 데이터를 받을 수 있습니다.

순위

조회수 순위
공감수 순위
댓글수 순위
동영상 순위

블로그 평균 데이터

지표 다운로드

블로그 소개
블로그 기초
블로그 개설
블로그 디자인
블로그 글쓰기
이웃 관리와 홍보
블로그 마켓

지표 다운로드 ?

데이터 종류	○ 조회수	○ 유입분석	○ 재생수	● 조회수 순위
	○ 순방문자수	○ 시간대 분석	○ 총재생시간	○ 공감수 순위
	○ 방문 횟수	○ 성별, 연령별 분포	○ 평균재생시간	○ 댓글수 순위
	○ 평균 방문 횟수	○ 기기별 분포	○ 시청자수	○ 재생수 순위
	○ 재방문율	○ 이웃 방문 현황	○ 영상 공감수	○ 총재생시간 순위
	○ 평균 사용 시간	○ 이웃 증감수		○ 재생 공감수 순위
		○ 이웃 증감 분석		
		○ 국가별 분포		

데이터 단위   일간 주간 월간

기간   2022.04. 📅

선택1   게시물 ▾

[클릭]

↺ 초기화   📄 지표 다운로드

엑셀 데이터로 만들어진 파일을 보며 어떤 글이 인기가 있었는지, 내 블로그에서 제공하고자 하는 주제에 맞는 글이 인기가 있었는지를 살펴봅니다. 이를 통해 블로그 정체성을 다시 한번 생각하는 시간을 갖고 수정할 부분들이 있다면 다시 설계해 봅니다.

서비스명	블로그 통계		
데이터명	조회수 순위		
데이터 단위	월간		
데이터 기간	2022.04.01. 월간		
선택1	게시물		

순위	제목	조회수	작성일
1	클래스101 강의링크 올려드립니다. 오프라인 강의 수강이 어려우신 경우 온라인을 통해 쇼핑몰 창업 & 운영 노하우 강의를 들으실 수 있습니다.	27096	2022.03.18. (금)
2	쇼핑몰 사업을 시작하기 위해 필요한 역량	118	2021.11.27. (토)
3	무재고, 위탁판매 사업이란? 경쟁이 심하기 때문에 많은 분석이 필요합니다.	110	2021.11.30. (화)
4	나의 친구 스마트폰으로 사진찍기	103	2021.11.26. (금)
5	오늘부터 쇼핑몰 창업 9일 과정 스타트	60	2022.04.01. (금)
6	쇼핑몰 C/S팀 수단별 업무	34	2021.11.27. (토)
7	쇼핑몰 창업 전에 간단하게 작성해 보는 사업계획서	34	2021.12.02. (목)
8	에디봇으로 3분 만에 만드는 상품 상세페이지	33	2022.02.14. (월)

스마트폰으로 언제 어디서나 블로그 관리하기

블로그 앱을 설치하면 블로그 관리를 스마트폰으로도 할 수 있습니다. 저는 스마트폰에서 사진과 간단한 메모로 지금 시점의 이야기를 등록한 후에 저녁에 PC에서 추가 내용을 작성하는 경우도 많이 있습니다. 또한 이웃 관리 등도 얼마든지 가능합니다.

앱 스토어에 접속하여 네이버 블로그를 검색한 후에 설치를 합니다. 설치 완료 후 스마트폰에 블로그 아이콘이 생성되며, 블로그 아이콘을 클릭하여 접속할 수 있습니다. 스마트폰 블로그 홈 화면에서 보이는 아이콘에는 5가지가 있습니다.

❶ 이웃 새 글 : 이웃 새 글 아이콘을 누르면 내 이웃의 새 글과 블로그 마켓 제품이 나옵니다. 새 글이 등록된 이웃에게 방문하거나 블로그 마켓에 등록된 제품을 빠르게 볼 수 있습니다.

❷ 추천 : 네이버에서 로그인한 사용자가 관심을 가질 만한 블로그를 추천해 주는 메뉴입니다. 사용자가 검색했던 내용과 관련 있는 블로그나 글, 사진, 영상 등을 보여 줍니다.

❸ 글쓰기 : 글쓰기 아이콘입니다. 누르면 블로그 글쓰기를 바로 시작할 수 있습니다. 언제 어디서나 원하는 글을 등록하고 수정할 수 있습니다.

❹ 내 소식 : 내 소식 아이콘을 누르면 알림과 활동 항목을 볼 수 있습니다. 알림 항목에서는 나를 이웃으로 신청한 내역을 보거나 내 글에 공감을 누른 이웃의 목록을 볼 수 있습니다.

❺ 내 블로그 : 아이콘을 누르면 내 블로그의 처음 화면으로 이동합니다.

Part 07

돈이 들어오는
블로그 마켓 시작

블로그는 개인이 글을 쓰고 저장하는 공간에서 머무르지 않고 상업적인 공간으로 진화했습니다. 그 중심에 블로그 마켓이 있습니다. 이번 파트에서는 블로그 수익화의 대표적 수단인 블로그 마켓 운영에 대해 알아보겠습니다. 블로그 마켓은 블로그에 글을 쓰며 상품을 등록하고 판매하는 방식이라 상품 등록부터 운영 관리까지 편리하게 할 수 있습니다.

블로그 마켓이란?

블로그 마켓은 운영하고 있는 블로그에 글을 쓰듯이 상품을 등록하는 플랫폼입니다. 온라인에서 상품을 판매하려면 쇼핑몰을 개설하고 여러 가지 설정을 해야 합니다. 하지만 블로그 마켓은 이런 과정을 최소화하여, 기존에 운영하던 블로그에 상품을 등록하여 판매하는 방법입니다.

블로그 마켓의 편리한 점
❶ 쇼핑몰은 별도 디자인을 해야 하는데 블로그 마켓은 디자인을 하지 않아도 됩니다.
❷ 블로그 마켓 운영 승인이 나면 결제 시스템 및 별도의 설정 없이 바로 판매 시작이 가능합니다.
❸ 블로그에 글을 등록하는 방식처럼 상품을 등록하여 판매하기 때문에 블로그 글쓰기가 익숙한 사용자라면 쉽게 시작할 수 있습니다.
❹ 별도의 광고를 하지 않아도 블로그 이웃 중심으로 자동으로 노출됩니다.

네이버에서 블로그 마켓을 검색하여 마켓 플레이스 홈페이지로 이동합니다.

마켓 플레이스 화면은 아래와 같습니다. 현재 나와 이웃으로 되어 있는 운영자의 상품을 모아 볼 수 있습니다. 의류, 패션잡화, 유아동, 식품, 뷰티, 홈리빙, 취미·테크로 나누어진 메뉴 선택이 가능합니다.

❶ **이웃 상품** : 마켓을 운영하는 이웃의 상품을 모아서 볼 수 있습니다. 내 상품도 나의 이웃에 보이기 때문에 이웃 추가를 적극적으로 하면 판매에 도움이 됩니다.

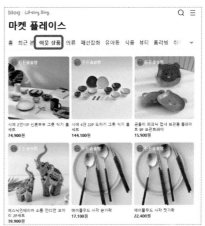

❷ **카테고리 구분** : 쇼핑몰처럼 카테고리별로 볼 수 있게 구성되어 있습니다.

블로그 소개

블로그 기초

블로그 개설

블로그 디자인

블로그 글쓰기

이웃 관리와 홍보

블로그 마켓

블로그 마켓을 시작하려면 내가 팔고자 하는 상품을 판매해도 되는지를 확인해야 합니다. 모든 상품을 판매할 수 있는 것이 아니며, 아래 항목에 있는 상품만 판매가 가능합니다. 각 품목별 세부 상품에 대해서는 블로그 마켓 홈페이지의 고객센터에서 확인할 수 있습니다.

성인 의류	가방
신발	잡화
침구류 및 커튼	가구
주방용품	영유아용품
화장품	귀금속, 보석, 시계
농산물	가공식품
광학기기	소형 전자기기
영상기기	가정용 전기제품
계절 가전제품	사무용 기기
자동차 용품	악기
스포츠 용품	생활 화학제품
살생물제품	건강기능식품
휴대폰	내비게이션
서적	기타 잡화

판매 가능 상품 카테고리

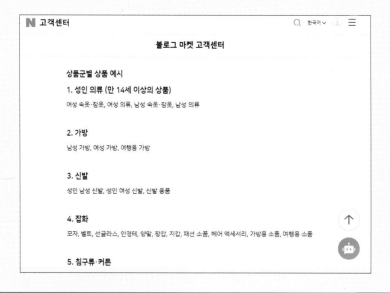

NOTE

아직 블로그를 운영하고 있는 상태가 아니라면 최소 글이 3개 이상 등록되어 있어야 신청할 수 있습니다.

블로그 마켓 시작을 위해 사업계획서 작성하기

사업을 시작할 때 리스크를 줄이고 안정적으로 시작할 수 있는 방법은 사업계획서를 작성하는 것입니다. 사업계획서를 작성하는 과정에서 아이템은 물론 물리적인 사업장 공간과 여러 가지 제도적/재정적인 부분까지 디테일하고 체계적으로 점검할 수 있으며, 사업을 하려는 목표를 확실히 하게 되기 때문입니다. 사업의 규모가 큰 경우에는 사업 자금 대출용, 기관 제출용으로 사용할 경우도 있습니다. 따라서 사업계획서는 사업 초기에 미리 작성하여 보완해 갑니다.

> "어떤 외부 요인이 생겨도 탄탄한 사업계획서만 있다면 흔들리지 않을 수 있다."

남성의류 쇼핑몰 1위 업체인 멋남의 박준성 대표의 인터뷰 일부입니다. 성공 로드맵을 위해서는 '꼼꼼한 사업계획서'가 중요하다는 사실을 강조하는 말입니다. 이제 막 사업을 시작하려는 사람에게는 수많은 장애 요소에도 흔들리지 않고 중심을 유지할 수 있는 어떠한 장치가 필요합니다. 그중 하나가 '사업계획서'입니다.

블로그 마켓을 위한 일반적인 사업계획서의 기본 양식은 다음과 같습니다.

 NOTE

자주 묻는 질문 **블로그 마켓 시작과 이웃**

Q. 블로그 마켓을 시작하면 유지해 왔던 블로그 이웃들이 떠나지 않을까 걱정이 되는데 괜찮을까요?

A. 저도 블로그 마켓을 처음 운영할 때 같은 걱정을 했습니다. 혹시나 불필요한 제품 정보만 올라오는데 친분 때문에 어쩔 수 없이 이웃을 유지하는 것은 아닌지, 이웃들이 관계를 끊지는 않을지 등을 고민하며 제품을 삭제했던 적도 있었습니다. 하지만 시간이 조금 지나면서 알게 된 점은, 좋은 제품을 소개하면 전혀 걱정할 필요가 없다는 점입니다. 블로그 이웃에게 지나치게 홍보를 하거나 그동안에 있었던 글과 정서를 없애 버리는 것이 아니라면 걱정하지 않아도 됩니다.

블로그 이름	
대표	
사업장	
연락처	
블로그 주소	
사업 요약	
목표 고객	
상품 공급	
예산 계획	
마케팅 계획	
일정	

블로그 마켓 사업계획서

블로그 마켓 운영을 위해서는 블로그 기본 사항 외에도 사업 요약, 목표 고객, 상품 공급 등 추가적으로 정해야 하는 내용들이 있습니다. 아래에 나오는 사업계획서 작성을 위한 5가지 분석 내용을 이용하여 사업계획서를 완성합니다.

① 블로그 마켓 사업 요약

어떤 블로그에서 어떤 상품을 판매할 것인지를 결정하는 것이 사업 요약입니다. 사업 요약을 위해 다른 사람들의 블로그 마켓들에 들어가서 관찰하며 만들려고 하는 블로그 마켓의 모델로 삼을 만한 블로그를 정합니다. 정한 모델에는 어떤 아이템이 있으며, 몇 개의 아이템을 판매하고 있는지, 글은 어떻게 쓰고 있는지, 어떻게 운영하고 있는지 등을 분석합니다. 블로그를 운영하듯이 블로그 마켓을 편안하게 운영해도 되지만 수익을 극대화하기 위해서는 다른 블로그 마켓에서 판매되고 있는 제품들의 유형을 분석하며 내가 잘 판매할 수 있는 아이템은 어떤 것인지를 선택해야 합니다. 사업 요약 란을 구체적으로 작성하기 위해 많이 검색해 봅니다.

다른 블로그 마켓들을 살펴보다 보면 상품을 구비하는 방식도 생각보다 다양함을 알 수 있습니다. 오른쪽 2개의 블로그 마켓은 각기 다른 방식으로 운영하고 있습니다. **①번은 도매점에서 제품을 가져와 판매하는 방식입니다. ②번은 제품을 직접 만들어서 판매하는 방식입니다.** 온라인 제품 판매는 크게 2가지로 나눠집니다. 있는 제품을 가져와서 판매(=사입)하거나 무엇인가를 직접 만들거나 상품화해서 판매하는 방법입니다. 사입은 좋은 제품을 일관성 있는 스타일로 소개하는 노력이 필요합니다. 그 스타일이 좋아서 재구매를 하는 경우가 많으며, 스타일이 변하면 이웃을 끊거나 관심 목록에서 없애는 경우도 많습니다. 한편 상품화할 수 있는 재능이 있다면 새로운 가치를 창출할 수 있는 제품을 만들어서 소개해 보세요. 직접 만든 제품이기 때문에 가격 경쟁력도 가질 수 있고 새로운 브랜드로 키울 수도 있습니다.

① 사입한 의류 제품을 판매하는 유형(블로그 : 러블리티엔다)

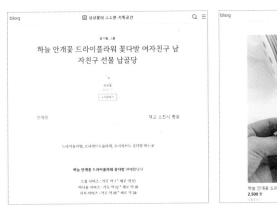

② 블로그 운영자의 재능을 활용하여 제품을 만들어 판매하는 유형(블로그 : 상상꽃의 소소한 기록공간)

② 통계 자료 분석

개인이 시장을 분석하기는 쉬운 일이 아닙니다. 그렇기 때문에 객관적인 통계 자료를 기반으로 시장을 분석합니다. 대표적으로 통계청 사이트를 이용할 수 있는데 통계청 사이트에서는 온라인 쇼핑 동향에 대한 자료를 볼 수 있습니다. 통계청분 아니라 다양한 기관·언론 자료와 구글 키워드 검색 서비스 등 여러 자료를 활용하여 선정한 아이템이 시장에서 어떻게 성장하고 있는지를 분석하고 전반적인 트렌드를 조사합니다.

블로그 소개

블로그 기초

블로그 개설

블로그 디자인

블로그 글쓰기

이웃 관리와 홍보

블로그 마켓

통계청 : 온라인 쇼핑 동향 검색 결과

< 상품군별 온라인쇼핑 거래액(전년동월비) 증감 >

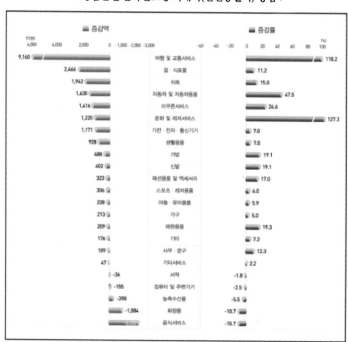

통계청 : 상품별 온라인 쇼핑 거래액

③ 아이템 선정과 도매 사이트 확인

앞에서 살펴본 것 같이 의류를 판매한다면 의류는 어디에서 사입하여 판매하지라는 의문이 들 수도 있습니다. 한편 내가 갖고 있는 재능을 상품화해서 판매한다면 상품화하기 위한 상자 등의 부자재는 어디에서 사면 되지라는 의문이 들 수도 있습니다. 만약 이러한 의문들로 인해 아직 아이템을 정하지 못했거나, 아이템 선정에 감이 안 온다면 다음 페이지에서 소개하는 온라인 도매 사이트를 활용하여 몇 가지 아이템을 시험 삼아 판매해 봐도 좋습니다. 처음에는 판매 경험을 쌓는 데 목표를 두고 해 보세요. 한 아이템을 배송처리해 보면 전체 유통 사이클을 이해할 수 있습니다. 유통 사이클을 이해하면 아이템 선정도 더 세밀하게 고려하여 결정하는 안목이 생깁니다. 앞으로 세밀하게 신경 써야 하는 점에는 가격 경쟁력, 시장의 세분화, 배송 난이도, 유행 민감 정도, 마진율, 유통기한, 연령, 반품률 등이 있습니다.

아이템 선정 시에는 아래와 같은 질문에 답을 해 보며 나에게 맞는 답을 찾아보세요.

> **· 어디에서 사입할 것인가?**
> 예) 동대문이나 남대문 시장에서 사입할 것인가, 인터넷 도매로 사입할 것인가?
>
> **· 아이템은 몇 개씩 구매할 것인가?**
> 예) 대량으로 구매해 놓을 것인가, 소량으로 구매 후 주문량에 따라 추가로 구매할 것인가?
>
> **· 상품 촬영은 어떻게 할 것인가?**
> 예) 스튜디오를 빌려 실내 촬영할 것인가, 야외 촬영할 것인가?
>
> **· 상품 구성을 어떻게 할 것인가?**
> 예) 단일 상품으로만 판매할 것인가, 세트로도 판매할 것인가?

아이템 선정 시 생각해 볼 질문

상품 사입을 하기로 했다면 도매 시장에 직접 나가기 전에 온라인 시장을 통해 사전조사를 많이 하는 것이 좋습니다. 개인이 소량의 상품을 도매 시장에서 사입할 경우 온라인 도매 시장보다 비싸게 사오는 경우가 많이 있습니다. 도매 시장에 방문하여 사입할 예정이라면 온라인 쇼핑몰 또는 도매 사이트에서 먼저 분석하고 방문하는 것을 추천합니다.

도매 사이트 검색 결과

아래는 대표적인 온라인 도매 사이트입니다. 되도록 많은 곳에 들어가서 판매하고 싶은 상품이 있는지 확인해 보세요.

아이템	업체명	인터넷 주소
종합 도매	도매매	https://domemedb.domeggook.com
종합 도매	초이템	https://choitemb2b.com
종합 도매	셀링콕	https://www.sellingkok.com
종합 도매	오너클랜	https://ownerclan.com
종합 도매	도매토피아	https://www.dometopia.com
소품 도매	소품마켓	https://www.asopoom.com
소품 도매	소소홈	https://sosohome.co.kr
식품 도매	신선하이	https://www.sinsunhi.com
의류 도매	단하루	https://www.danharoo.com
의류 도매	메이미	https://www.mayme.kr
가방 도매	가방쟁이	https://www.1020bag.com
가방 도매	백이슈	https://www.bagissue.co.kr
반려동물용품 도매	펫비투비	https://petbtob.co.kr

온라인 도매 사이트

④ 예산 계획

예산 계획을 짜기 위해서는 제품 공급 단가를 알아봐야 합니다. 온라인 도매 사이트에서는 해당 사이트에 가입하면 공급 가격을 확인할 수 있습니다. 그 가격에서 나의 마진을 남기고 판매하는 방식으로 하나의 제품을 정해서 아래 양식에 맞게 작성해 봅니다.

① 제품 공급 가격
② 최소 주문 수량
③ 블로그 디자인 비용
④ 광고 비용

예산 계획을 위해 필요한 항목

제품 공급 가격과 최소 주문 수량을 알기 위해서는 도매 사이트에 접속하거나 도매 업체에 연락을 해서 알아봐야 합니다. 이 과정에서 도매 업체명, 배송 대행 여부, 상품 원가, MOQ(최소 주문 수량), 상세페이지 제공 여부 등을 함께 알아보며 오른쪽의 표를 작성합니다.

업체명	담당자	연락처	메일 주소	최소 주문 수량	상품 원가	제공 공급 가격	상세페이지 제공 여부

아이템 사입을 위한 사입처 세부 항목 리스트

예산은 본인의 능력과 여유 시간 등에 따라 다르게 편성할 수 있습니다. 예를 들어 블로그 디자인 영역은 개인이 직접 만들면 무료로 제작할 수 있습니다. 그럼 그만큼 예산이 줄거나 다른 곳에 사용이 가능합니다. 하지만 디자인 프로그램 능력과 디자인 구성에 대한 지식이 없을 경우 시간이 오래 걸리고 만족스러운 결과물을 얻기 힘들 수 있습니다. 이런 경우, 예산을 투자해 디자인물을 구매하는 것이 결과적으로는 더 효율적인 예산 계획일 것입니다. 이처럼 예산은 자신의 능력과 시간 등도 고려하여 꼭 필요한 곳에 효율적으로 사용할 수 있도록 계획해야 합니다.

초보자도 쉽게 디자인할 수 있는 미리캔버스

디자인 결과물을 저렴하게 구매할 수 있는 크몽

- 얼마의 비용을 투자할 것인가? 얼마의 이익을 거둘 것인가?
- 비용에는 어떠한 것들이 있는가?
- 운영에 필요한 서비스 계약에 따른 비용 / 상품 사입, 재고 등 상품에 관한 비용 / 광고 집행에 따른 비용은 각각 얼마나 되는가?
- 월별 예상 매출은 얼마인가?

예산 계획 질문 예시

⑤ 마케팅 계획-블로그 마켓을 알리는 방법

블로그 마켓은 일반 쇼핑몰과는 다르게 특별히 광고하지 않아도 개설 시부터 블로그 이웃을 중심으로 제품이 노출됩니다. 그렇기 때문에 블로그 주제에 맞는 글을 지속적으로 쓰는 것만으로도 제품 노출은 자동으로 된다고 보면 되죠. 블로그에 많은 글을 올리고 이웃과 열심히 소통하면 제품은 더 많이 노출되고 판매량이 늘어날 것입니다. 이렇게 운영하면서 경험이 쌓이고 제품의 수량이 늘어나면 유료 광고와 SNS 채널을 활용한 방법으로 판매를 촉진시킬 수 있습니다.

유료 광고에는 대표적으로 네이버 키워드 광고와 파워컨텐츠 광고가 있으며 SNS 채널을 활용한 광고에는 유튜브, 인스타그램에서 블로그의 제품을 홍보하며 링크를 연동하는 방식이 대표적입니다. 아래의 표는 블로그 마켓을 운영하며 함께 활용하면 좋을 채널을 정리해 놓은 표입니다. 마켓 운영 중에는 30일 단위로 실행한 채널을 체크하는 용도로 사용할 수 있습니다. 블로그 마켓을 더욱 활성화하기 위해 필요한 채널이 있다면 체크하고 해당 채널에 관한 공부를 통해 홍보 능력을 높이도록 노력합니다.

채널＼일자	1	2	3	4	5	6	7	8	9	10	11	12	13	14	15	16	17	18	19	20	21	22	23	24	25	26	27	28	29	30
블로그																														
인스타그램																														
페이스북																														
카카오플러스																														
유튜브																														
밴드																														
카페																														
지식인																														
유료 광고																														
지인 찬스																														
기타																														

마케팅 채널별 운영 현황표

· 블로그 마켓을 홍보하기 위해 무엇을 할 것인가?

예) 네이버 키워드 광고, 파워컨텐츠 광고를 할 것인가? SNS 채널도 개설해서 광고할 것인가?

· 매출을 올릴 수 있는 방법은 무엇일까?

예) 다양한 이벤트, 고객 감동 기획전 등 관심을 이끌어 낼 수 있는 마케팅 계획이 있는가?

마케팅 계획 질문 예시

앞에서 함께 알아본 내용을 참고하여 아래의 블로그 기획서에 내용을 채워 보겠습니다.

블로그 이름	꿈꾸는 생각
대표	전진수
사업장	서울특별시 서대문구 신촌로 25 (창천동) 2층 3450호
연락처	jinsim@tistory.com
블로그 주소	https://blog.naver.com/블로그ID
사업 요약	생활용품을 판매하는 블로그 마켓을 운영하는 것을 목표로 초이템을 통해 위탁판매 방식으로 20종의 인테리어 소품을 먼저 올린다. 이후 인테리어 소품 오프라인 도매 시장도 다니며 추가로 아이템을 확대해 나간다.
목표 고객	홈 인테리어에 진심인 30~40대를 대상으로 판매
상품 공급	초이템, 소소홈, 소품마켓
예산 계획	초기 자본금 100만 원으로 시작
마케팅 계획	네이버 파워컨텐츠 광고와 SNS를 통해 유입률을 높이는 방법으로 시작하여 아이템이 늘어나면 SNS에서도 유료 광고 진행

일정

분류	1월	2월	3월	4월	5월	6월	7월
아이템 선정	■						
블로그 디자인	■	■					
아이템 등록			■				
홍보				■	■		
아이템 확장 및 사업 점검						■	

블로그 기획서 완성 예시

NOTE

기본 기획서를 작성해 봤습니다. 초기에는 판매되는 과정을 이해해야 하기 때문에 아이템 선정을 하는 시간을 지나치게 오래 갖기보다는 도매 사이트를 통해 시험 삼아 하나씩 유통해 보기를 추천합니다. 제품을 올리고 판매가 되어 배송을 하는 과정에서 온라인 유통 사이클을 더 빠르게 이해할 수 있습니다. 사이클을 이해하면 아이템 선정 및 마케팅 방법 등에 대한 생각이 바뀔 수도 있으며, 사업을 더 구체화할 수 있는 방법을 얻을 수 있을 것입니다.

블로그 마켓 가입하기

블로그 마켓 가입을 위해서는 ① **사업자등록증**이 있어야 합니다. 그리고 ② **블로그에 글이 최소 3개 이상 등록**되어 있어야 하며 ③ **PC에서 신청**해야만 가입 신청이 가능합니다. 사업자등록증을 이미지 파일로 준비했다면 다음의 과정을 따라 하여 가입합니다. 블로그 마켓 가입 단계는 총 5단계로 이루어져 있습니다.

1단계 : 블로그 마켓 가입 신청
2단계 : 개인 인증
3단계 : 약관 동의
4단계 : 네이버 페이 신청
5단계 : 승인 완료

01 블로그 마켓에 가입하기 위해 블로그 관리 메뉴에 접속합니다. 오른쪽 상단에 [블로그 마켓 가입] 메뉴가 있습니다. 해당 메뉴를 클릭합니다.

02 블로그 마켓을 신청할 수 있는 페이지로 이동합니다. 해당 페이지에서 [지금 바로 블로그 마켓 가입하기]를 클릭합니다.

03 [시작하기]를 클릭하면 가입이 진행됩니다.

04 첫 번째로 나오는 항목은 [본인 인증하기]입니다. 클릭하여 본인 인증을 진행합니다.

05 본인 인증이 완료되면 블로그 마켓 이용약관 동의와 통신판매 신고번호를 입력하는 화면이 나옵니다. 통신판매를 신고했다면 [신고완료]를 선택하고 신고하지 않았다면 [미신고/면제]를 선택하고 등록 절차를 진행하면 됩니다.

06 블로그 관리자를 통해 진행하는 기본 내용은 완료되었습니다. 이후에는 네이버 페이 센터로 이동하게 되는데 자동으로 아래와 같은 팝업 창이 뜹니다. 해당 팝업 창에서 [확인]을 클릭하면 네이버 페이 센터 가입 단계로 이어집니다.

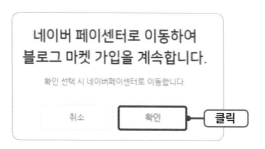

07 네이버 페이 센터에 등록되어 있어야 고객이 나의 블로그 마켓에서 결제할 수 있습니다. [네이버 페이 센터 가입]을 클릭하여 기본 정보를 모두 입력하고 승인이 나면 아래와 같은 화면으로 접속됩니다.

네이버 페이 가입 신청 화면

네이버 페이 가입 완료 화면

08 네이퍼 페이 최종 승인이 나면 블로그 관리자 페이지의 [블로그 마켓 가입] 버튼이 [마켓 관리]로 변경되는 것을 확인할 수 있습니다.

승인 전

승인 후

블로그 소개

블로그 기초

블로그 개설

블로그 디자인

블로그 글쓰기

이웃 관리와 홍보

블로그 마켓

04 블로그 마켓에 상품 등록하기

이제 블로그 마켓에 상품을 등록해 보겠습니다. 상품 등록 방법에는 [마켓 관리] 메뉴를 클릭하면 나오는 마켓 관리 페이지에서 등록하는 방법과 블로그에서 글을 쓰며 같이 등록하는 방법이 있습니다. 아래는 마켓 관리 페이지입니다.

마켓 관리 페이지

글을 쓰며 등록하고 싶은 경우, 블로그 글쓰기 화면에서 [마켓]을 클릭하면 블로그 마켓 상품 등록 메뉴가 나오는데, 이 기능을 이용하면 상품을 등록할 수 있습니다. 2가지 방법 중에 어떤 방법을 사용하더라도 결과는 같게 나옵니다.

블로그 글쓰기 창에서 등록하기

01 마켓 관리 페이지에서 상품을 등록하겠습니다. [새 상품 간편 등록] 메뉴를 클릭합니다.

02 상품 등록 메뉴가 나옵니다. 카테고리, 상품명, 판매가, 재고 수량 및 옵션을 설정하고 목록 이미지를 등록한 후에 [완료]를 클릭합니다. 여기서는 아래와 같이 등록했습니다.

- 카테고리 : 취미 테크 / 문구 사무용품
- 상품명 : 토당토당 볼펜
- 판매가 : 1200원
- 부가세 : 과세 상품
- 재고 수량 : 100개
- 옵션 : 블랙, 화이트

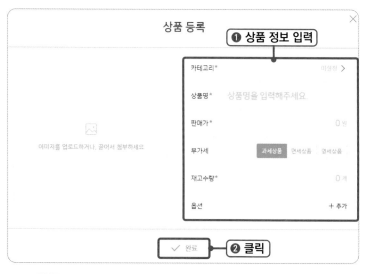

03 내 상품 관리 화면으로 이동하면 등록된 상품을 볼 수 있습니다.

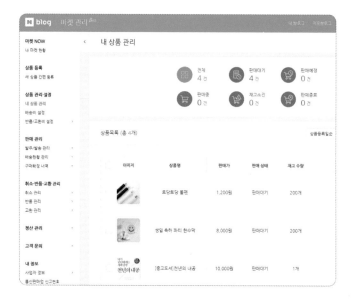

04 블로그에 노출할 상품을 선택하고 [마켓 글 쓰기]를 클릭합니다.

05 블로그 글쓰기 화면으로 넘어갑니다. 블로그에 글을 쓰듯이 제목과 내용란에 상품에 대한 설명을 입력하면 됩니다. 제목을 먼저 입력합니다.

06 하단에 상세페이지에 해당하는 이미지와 설명을 입력합니다. 이미지를 등록하기 위해서는 [사진] 메뉴를 클릭하여 삽입합니다. 글은 앞에서 배운 내용과 같이 운율감을 조성하는 다양한 기능을 이용하여 상품이 돋보일 수 있도록 꾸밉니다.

07 글쓰기를 완료했다면 상품을 등록하기 위해 [발행]을 클릭합니다.

08 상품과 글이 등록되고 지금부터는 등록한 상품이 노출됩니다.

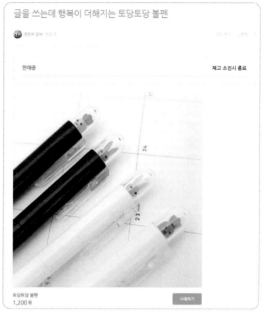

09 블로그 마켓 관리자 페이지에 들어가면 토당토당 볼펜은 판매 중으로 변경된 것을 볼 수 있습니다. 만약 관리 페이지에서 상품을 등록했지만 글쓰기를 하지 않으면 판매 대기 상태로 머물러 있습니다. 아래의 사진에서 생일 축하 파티 현수막은 관리 페이지에는 등록하고 블로그에 글쓰기를 하지 않은 상태입니다.

블로그 소개

블로그 기초

블로그 개설

블로그 디자인

블로그 글쓰기

이웃 관리와 홍보

블로그 마켓

NOTE

상품을 등록한 후에 등록한 상품을 수정하고 싶을 때는 [내 상품 관리] 메뉴에서 가능합니다. [내 상품 관리] 메뉴를 클릭한 후에 수정하고 싶은 상품의 [수정]을 클릭하여 수정합니다.

블로그 마켓 배송 처리 이해하기

01 마켓 관리 페이지에서 [내 마켓 현황]을 클릭하면 주문/배송 현황을 볼 수 있습니다. 신규주문에 1건이 표시되어 있는데 주문이 들어왔음을 의미합니다. 클릭하면 네이버 페이 센터로 연결됩니다.

02 네이버 페이 센터에 신규주문 1건이 있는 것을 볼 수 있습니다. 해당 주문을 클릭합니다.

03 신규 주문 정보가 나타납니다. 배송 방법, 택배사, 운송장 번호를 입력하고 발송 처리를 하면 배송이 됩니다.

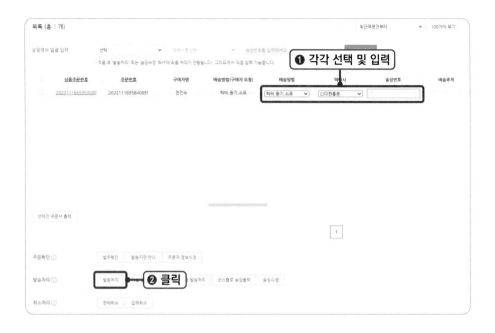

04 블로그 마켓을 운영하며 많이 겪는 일이 발송과 더불어 취소 처리입니다. 취소 처리도 간편합니다. 마켓 관리 페이지에서 [취소 관리] 메뉴를 클릭하면 네이버 페이 센터로 이동합니다.

05 접수된 취소 건수가 있는 경우 클릭을 하면 아래와 같이 취소 내용이 나옵니다. 내용을 확인하고 [취소 완료처리]를 클릭하면 취소 처리가 됩니다.

블로그 마켓 실시간 알림

블로그 마켓 실시간 알림을 설정해 놓으면 블로그 마켓 주문 현황을 실시간으로 받을 수 있습니다. 네이버 페이 센터에서 [내 정보] 메뉴를 클릭한 후에 가입 정보 변경에서 실시간 알림 설정 정보 항목을 [설정]으로 선택하고 [변경]을 클릭하면 적용됩니다. 컴퓨터나 스마트폰 화면을 붙들고 있지 않아도 되니 아주 유용한 기능입니다.

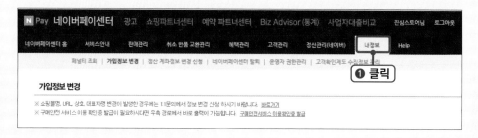

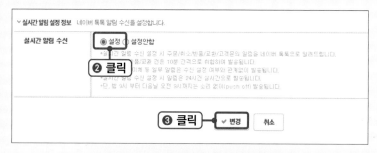

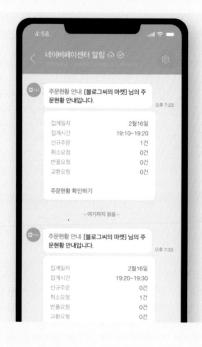

NOTE

자주 묻는 질문 블로그 마켓 패널티와 탈퇴

Q. 판매 중에 취소가 있을 경우 취소 처리에 대한 패널티가 있나요?

A. 상품 품절 등 판매자의 잘못으로 취소 처리 한 경우는 취소 패널티가 2점 있습니다. 판매자의 잘못이 아니라면 걱정하지 않아도 됩니다. 고객 선택에 의해서 취소 처리 되었다면 패널티는 없습니다.

Q. 블로그 마켓만 탈퇴하고 블로그는 원래대로 운영하고 싶은데 가능한가요?

A. 네 가능합니다. 블로그 마켓 탈퇴는 기존 블로그에는 아무런 영향을 주지 않습니다. 탈퇴하는 방법은 블로그 마켓 관리 페이지에 들어가면, 왼쪽 메뉴의 하단에 [내 정보]-[마켓 탈퇴하기]가 있습니다. [마켓 탈퇴하기]를 클릭하면 [블로그 마켓 탈퇴하기] 버튼이 나오는데 해당 버튼을 클릭하여 탈퇴를 진행합니다.

만약 배송 중인 상품이 있거나 처리해야 하는 C/S가 남아 있다면 바로 탈퇴가 되지 않습니다. 진행 중인 거래 등이 종료되어야 탈퇴가 완료됩니다.

맺음말

블로그를 시작하고 싶은 당신에게

지금, 여러분의 일상 루틴(routine)은 무엇입니까? 루틴의 사전적 의미는 '정해진 일의 순서, 일과 등'입니다. 요즘 사람들이 쓰는 루틴의 정확한 의미는 '습관화'에 가깝습니다. 일련의 동작을 반복하다 보니 생각할 필요 없이 몸이 자연스럽게 움직이는 상태를 말하는 것이죠.

만약 일상에서 '블로그 운영'이 루틴이 된다면 지금보다 더 나은 미래를 설계할 준비 단계를 실행에 옮긴 것과 같습니다. 무언가를 꾸준히, 성실히, 매일매일 실천한다는 건 쉽지 않습니다. 블로그 운영도 마찬가지입니다. 여러분의 지속 가능한 성장을 위한 첫 발돋움에 이 책이 함께하길 바랍니다.

책을 덮은 지금, 블로그 글쓰기를 지속적으로 하고 있기를 바라는 마음으로, 나만의 챌린지 〈블로그 작심백일〉 7행시를 소개합니다. 다음의 문구를 가슴에 새기길 바랍니다.

블 : 블로그에
로 : 로그인하십시오
그 : 그럼 지금부터 글쓰기
작 : 작업을 시작합니다.
심 : 심도 있는 글이 아니어도 좋습니다.
백 : 백 번 읽고, 백 번 쓰다 보면
일 : 일상 속 글쓰기는 당신의 삶을 더 빛나게 해 줄 것입니다.

블로그 운영 시에는 세 가지만 기억하세요.
① 글쓰기는 진정한 나를 보여 준다.
② 블로그는 나의 모든 순간을 기록하는 보물창고다.
③ 블로그는 내가 더 잘되기 위한 새로운 도전이다.
블로그로 여러분의 삶이 어제보다 더 나아지길 바랍니다. 그리고 언제나 응원합니다.